歩いてまわる
小さなベルリン

久保田由希

大和書房

はじめに

この本を手に取ってくれた、あなたへ。
ありがとう。
まずはお礼を言いたいです。世界の都市の中から、ベルリンに興味を持ってくれたのだから。

ベルリンは、さまざまな顔を持っています。音楽、アート、歴史、建築。でも、ただ普通に歩いて、お茶をするだけで、とても楽しい街です。気取らないのにセンスのいいお店が並び、広い歩道には、カフェのテラス席で思い思いにくつろぐ人々が。その脇を、ベビーカーを押すカップルや犬たちが通り過ぎていきます。そんな、誰もがリラックスして過ごせる、普段のベルリンを伝えたいと、ずっと願っていました。
この本は「小さなベルリン」と題していますが、ごめんなさい、ベルリンは本当は広いんです。そして、エリアごとにまったく表情が異なります。ですから、旅という限られた時間の中で、お気に入りの場所にめぐり合うのは、たぶん簡単ではないと思います。だからこそ、それぞれのエリアの魅力を私なりにご紹介することで、あなたにとっての「素敵」に出会ってほしい。そんな思いで、楽しいストリート、おいしくて居心地のいいカフェやレストラン、わくわくする穴場スポットを選びぬき、エリアごとに「小さく」まとめました。どこもみな、個性的な魅力をたたえた、私が愛する場所ばかりです。

歩いて、人々と触れあって、ベルリンを好きになってくれたら。
では、前置きはこの辺にして、街歩きに出かけましょう。

この本の使い方

歩いて楽しむベルリンの本です

パリ、ロンドン、ニューヨーク、ソウルに続き、今回は、「歩いてまわる小さなベルリン」が誕生しました。
ブランデンブルク門、博物館島、戦勝記念塔といった超有名観光スポットと繁華街はやや離れていますが、その繁華街の中にもぜひ訪ねたい観光スポットが無数にあります。ショッピングを楽しみながら、歴史を感じさせる文化財や建物に出会えるのは、ベルリンという都市ならでは。東京23区より広いベルリンの街を、たっぷり味わい尽くせるように、女性が心惹かれるショップが集まる10の界隈を紹介しています。老舗も、ニューアドレスも満載の1冊です。

{ お店紹介の見方 }

{ 地図の見方 }

通りの名前を入れています。通り名と番地がわかれば、目的地にたどり着けます。

市場、蚤の市などのテーマ別におすすめスポットを紹介した［ちょっと寄り道］ページに掲載している場所です。

おすすめの店が集まる場所を中心に、界隈をAとBの2つのエリアに分けました。

徒歩の分数は、地図上の2本の旗の間を普通のペースで歩いた時間です。エリアの大きさを把握する目安にしてください。

隣接するエリアへの方向を示しています。まだまだ歩けるという人は、2地区を組み合わせたプランを立ててみるのもよいでしょう。

本書で紹介しているお店は、赤文字で店名と共に掲載ページを載せています。

WC 公衆トイレ
ATM ATM（24時間利用可）
P 郵便局
✚ 薬局
★ 観光スポット
S スーパー

5

ベルリンの基本情報

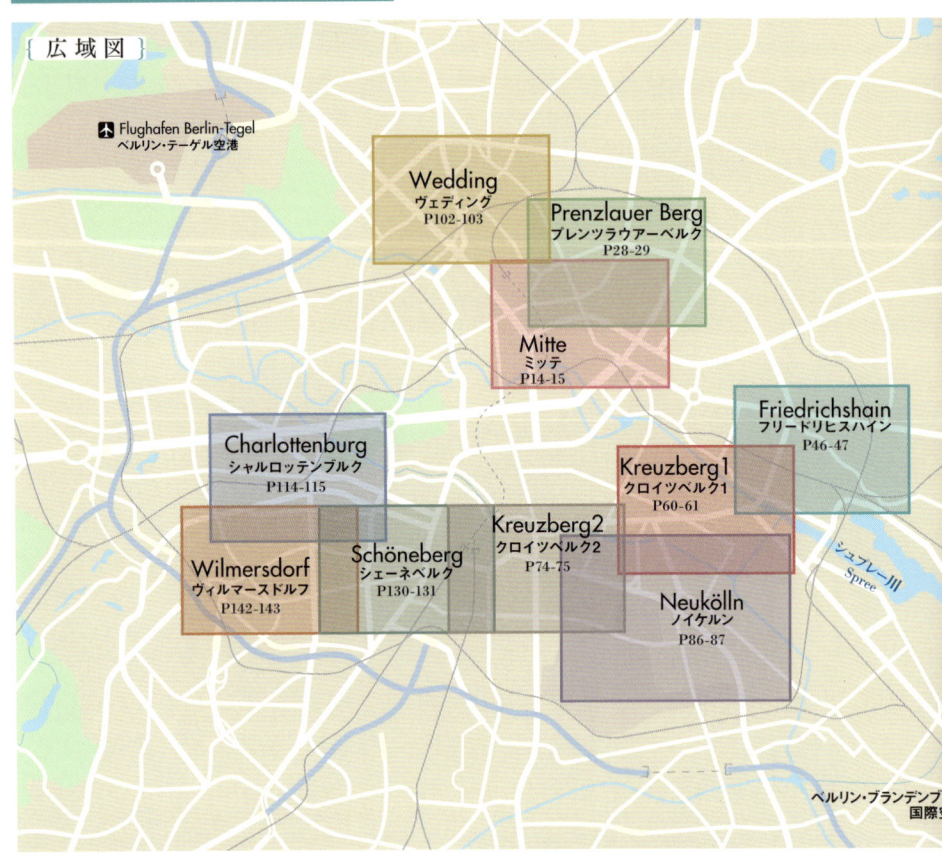

{ 広域図 }

{ 本当は大きいんです }

ベルリン市全体の大きさは892km²で、東京都23区の約1.4倍。人口は約353万人で、23区の約4割しかいません。ですからこの本は「小さなベルリン」と題していますが、本当は大きいのです。

でも、ショッピングの楽しい場所は、広いベルリンの中で特定のエリアごとにまとまっています。各エリア内は1時間〜1時間半ほどで歩いてまわれる「小ささ」です。本書でご紹介するおすすめエリアを中心に歩き、エリア間の移動は、便利な公共交通を利用しましょう。

{ 公共交通と切符の種類 }

公共交通の種類はUバーン（地下鉄、一部地上）、Sバーン（電車）、バス、トラム（路面電車）、船（湖エリアのみ）の5種類。市内中心部をくまなくカバーしており、5〜10分間隔で来るので、活用しない手はありません。

ツーリストが使う主な切符には1回券（Einzelfahrausweis、2時間有効、往復不可、2.60ユーロ）、1日券（Tageskarte、当日〜翌日午前3時まで有効、6.70ユーロ）、7日間券（7-Tage-Karte、当日〜7日目の24時まで有効、

28.80ユーロ）、博物館などの施設割引特典つきのウェルカムカード（Berlin WelcomeCard）とシティツアーカード（Berlin CityTourCard）があります。

切符の料金はゾーン制で、前述の料金はABゾーンの金額。本書でご紹介するエリアはすべてABゾーン内に位置しています。

ウェルカムカードとシティツアーカードは、特典内容が異なります。どちらも48時間、72時間、5日間があり、さらにAB、ABCゾーンの2種類があります。

有効な時間とゾーン内なら、1枚の切符で乗り放題な上に、どの公共交通にも乗り継げます。例えばABゾーン1日券を買って最初はUバーン、次に同じ切符でバスに乗り、数時間後にSバーンに乗っても、AB内なら大丈夫です。

{ 切符の買い方と乗り方 }

切符は黄色地に黒でBVGと書かれた看板が出ている駅の窓口か、街のキオスクのような店で買えます。もちろん駅構内やホーム上にある自販機でも買えます。しかし自販機は、使える紙幣や硬貨に制限があって使いにくいので、できるだけ窓口で買うことをおすすめします。言葉がわからなくてもメモ書きを見せれば買えるはず。飛行機でベルリンに到着したら空港内のBVG窓口で、鉄道なら中央駅構内の窓口で、まずは切符を買いましょう。切符を買ったら、最も重要なことは、乗車前に刻印をすること。ベルリンに改札はありません。駅に行き、階段を上る、または降りればそこはもうホームです。そこで、改札の代わりに

なるのが、各自が行う刻印。刻印機はホーム上や、バス・トラムの車内にあります。切符を差し込み口に入れると、曜日や時刻が刻印され、その時点から切符の使用がスタートします。刻印を行うのは最初の乗車前1回のみ。車内では、たまに私服係員による抜き打ち検札があります。その際に無刻印や、2回以上刻印された切符を持っていたり、切符なしの人は無賃乗車と見なされ、高額の罰金を取られるので、乗車時は有効な切符を常に携帯していてください。

{ ドアは手動で開けます }

公共交通のドアは、自動で閉まりますが、開けるときは手動です。UバーンとSバーンは、ドアに付いているボタンを押すか、バーを左右に押し広げます。バスとトラムでは柱にあるSTOPボタンを押し、降車口付近にあるボタンを押すとドアが開きます。

{ 路線図と市街地図 }

ベルリンの公共交通は、常にどこかしら工事をしています。ですから、ベルリンに到着したら、最新の路線図を手に入れておきましょう。ホーム上にあるPLUSという無料冊子や、ターミナル駅内のBVGサービスセンターに置いてあるパンフレットに路線図が載っています。特に「Berlin entdecken mit Bahn und Bus」と書かれた6つ折りの無料パンフレットは、片面が路線図、もう片面が市街地図でとても便利です。また、市街地図はツーリストインフォメーションやみやげもの屋で販売しています。公共交通についての詳細情報は、BVGのホームページを参考にしてください（英・独語）。

＊BVG HP：http://www.bvg.de/

日曜日は休業日

信じられないかもしれませんが、日曜日は、一部のお店・飲食店を除き、すべて休みです。スーパーも、パン屋さんも、雑貨屋さんも閉まっています。また、月曜定休の飲食店も多いです。ですから、ショッピングやカフェめぐりが目的なら、日・月曜を避けて滞在しましょう。

さらに、ベルリンにコンビニは、ありません。深夜まで営業している、Spätkauf（シュペートカウフ）（Kiosk（キオスク）ともいう）というお店がその代わりともいえますが、売っているのは新聞や飲み物などで、何でも揃うわけではありません。こう聞くとなんて不便だと思われるでしょうが、逆にこの環境が、のんびりした暮らしをもたらしてくれることに気がつきました。便利すぎると、かえってせわしいこともあります。お店が日曜休みだからこそ、ゆったりできるという側面もあるように思います。

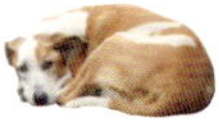

「ハロー」の一言が大切です

外国では挨拶が大事。小さいお店に入るときは、必ず「Hallo（ハロー）」と言いましょう。「ハロー」は、時間帯に関係なく使える便利な言葉です。入店時や店員さんを呼びたいとき、スーパーのレジでも「ハロー」を。お店を出るときは「Tschüs（チュース）」と一言。それ以外の会話は、ベルリンでは英語ができればほとんど問題ありません。言葉に自信がなくても、知っている単語をはっきり言うだけで、かなり通じるものです。P151の「簡単なドイツ語」を参考に、会話に挑戦！

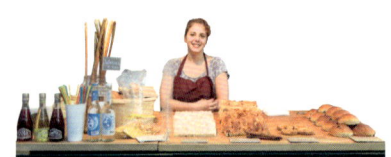

トイレに行きたくなったら

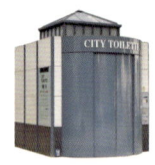

飲食店やデパート、博物館では、なるべくトイレに寄りましょう。飲食店や博物館では、トイレは無料です。デパートでは入り口にお掃除係の人がいて、小皿が置いてある場合もあります。そんなときは、50セント程度を小皿へ。通り沿いには、City-Toilette（シティトイレッテ）と書かれた有料公衆トイレがあります。緊急時に公衆トイレが見当たらないときは、飲食店で借ることも可能。その際、気持ちとして50セント程度を渡しましょう。ちなみに、女性用はDamen（ダーメン）、男性用はHerren（ヘレン）。単に「D」「H」とだけ書かれていることもあります。

チップは、感謝の気持ち

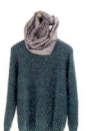

飲食店、タクシーなどでは料金の5～10%を切り上げた額を払います。とても満足した場合は、感謝の気持ちを込めて多めに渡します。サービスへの感謝を、チップという形で示します。

服装は防寒と安全を考えて

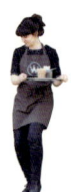

ベルリンは、北海道よりも緯度が高いのです。ですから、冬は年によって−10℃以下の日もありますし、夏も朝晩は涼しく感じます。秋～冬の旅行には防寒対策が大切です。詳しくは、P11の持ち物リストを参照してください。

また、日本人の服装は、ベルリンの平均と比べてとてもきれいです。きれいすぎるとスリなどに狙われやすいので、普段はセーターとジーンズといった格好が無難。石畳が多いので、靴は歩きやすいものを履きましょう。でも、きれいな服で街を歩きたい日もあるものです。そんなときは、いつもより少

しだけ身の回りを注意するよう、心の隅に留めておいてください。

自転車レーンを歩かないで

ベルリン市内の幹線道路では、自転車レーンが設けられています。自転車レーンは車道と歩道の間にあり、破線や赤い色で区別されています。歩行者はレーン内を歩かないように。猛スピードで自転車が走ってくるので危険です。レーンを横切るときは、必ず左右を確認してから渡りましょう。

服と靴のサイズ

服や靴をベルリンで買うときに困るのが、日本と異なるサイズ表示。以下がレディースの比較表です。メーカーによって多少異なります。

洋服					
日本	7	9	11	13	15	17
ドイツ	34	36	38	40	42	44

靴						
日本	22	22.5	23	23.5	24	24.5	25
ドイツ	34	35	36	37	38	38	39

水道水は飲める?

水道水は飲めますが、硬度の高い硬水なのでミネラルウォーターを飲んだ方が無難です。ガス入り(mit Kohlensäure ミット・コーレンゾイレ)、ガスなし(ohne Kohlensäure オーネ・コーレンゾイレ)があります。

スリには気をつけて

ベルリンと聞くと、ネオナチを想像する人もいるようです。確かにゼロではありませんが、本書でご紹介しているエリアでは、心配する必要はありません。ただ、人混みではスリに気をつけて。バッグは、ファスナーなどできちんと閉まるタイプが必須です。カフェなどでは荷物を置いたままで、席を離れないように。もちろん、深夜の一人歩きも止めましょう。これは、世界中のどこでも同じですね。

インターネット事情

ベルリンでは日本よりWi-fi(無線LAN)がつながる場所が多いです。ホテルでは各部屋でWi-fiがつながることが多くなりました。

街では、無料Wi-fiがある図書館やカフェが増えています。使用時には、スタッフにパスワードを聞きましょう。SIMフリーのスマートフォンを持っている人は、プリペイドSIMカードを買うと、インターネットが使えます。SIMカードはT-MobileやO2、Vodafoneといったキャリアで買えます。買う際は「旅行中、スマートフォンでネットを使いたい」と相談し、お店の人に必要な手続きと設定をしてくれるよう、お願いしましょう。その際、パスポートが必要です。

公衆電話

街角にある公衆電話は少なく、壊れていることもあるので、あまり実用的ではないといえます。公衆電話から日本へかける際は、テレホンカードを利用するのがいいでしょう。

日本との時差、夏時間と冬時間

ドイツには、夏時間と冬時間があります。夏時間（毎年3月最終日曜日から10月最終日曜日まで）では、ドイツは日本の7時間遅れ。冬時間（毎年10月最終日曜から翌年3月最終日曜まで）は、ドイツは日本の8時間遅れです。

ちなみに、夏時間から冬時間へ切り替わるタイミングは、10月最終日曜日の午前3時。自動調整機能が付いている時計は、10月最後の日曜日午前3時になっても、そのまま1時間は時計の針は進みません。逆に、3月最後の日曜日午前2時になると、冬時間から夏時間へ移行し、自動的に午前3時に変わります。切り替え期間に旅行するときは、予定に遅れたりしないよう、ご注意を。自分の時計が切り替わっているかどうかも、確認しておきましょう。

喫煙は基本的に屋外で

ベルリンは、喫煙者にとっては厳しい環境に変わってきています。飲食店では、店内禁煙が基本。タバコを吸う際は、店の外に出て吸います。バーでは、ときどき喫煙可のところがありますが、その場合は18歳未満は入場不可です。

ホテルでも禁煙ルームの割合が高いです。もし部屋でタバコを吸いたいのなら、喫煙可の部屋を探しましょう。なお、タバコは日本と比べて割高で、1箱（19本程度）約5ユーロします。

瓶やグラスのデポジット（保証金）

ドイツでは飲料のペットボトルや瓶、缶の多くに、デポジット（保証金、ドイツ語でPfand）がかけられています。こうした飲料は、買う際にデポジットの料金も含めて支払っているので、空のペットボトルや瓶を買ったお店に返却すると、デポジットが戻ってきます。デポジットの料金は、素材によって1本8セント（0.08ユーロ）から25セント（0.25ユーロ）まであります。また、フードフェスティバルや市場の屋台で、グラス入りの飲み物を買うと、グラスのデポジットも含めた料金を請求されることがあります。これも、グラスを返却すれば、デポジット分の料金を返してくれます。

東西に分かれていたベルリン

ドイツは、第二次世界大戦後から1990年に統一されるまでは、東西2つの国に分かれていました。ベルリン全体は当時の東ドイツ領の中にあり、ベルリンの中もさらに東西に分かれていたのです。つまり、西ベルリンは、周囲を東ドイツの領土に囲まれていたわけです。東ベルリンは社会主義国・東ドイツの首都で、西ベルリンは西ドイツの特別州という扱いで、資本主義体制でした。

本書で取り上げているエリアの中で、東ベルリン領だったのは、ミッテ、プレンツラウアーベルク、フリードリヒスハイン。旧西ベルリンは、クロイツベルク1・2、ノイケルン、ヴェディング、シャルロッテンブルク、シェーネベルク、ヴィルマースドルフです。統一から既に20年以上が経つので、東西の違いは少なくなったかもしれませんが、街歩きの際に知っておけば、違う視点で見られるかもしれません。

持ち物リスト

ベルリンでは、スーパーやドラッグストアを利用すれば日用品は比較的安価で、必要なものは手に入ります。スーパーは、本書の地図で **S** と表示していますので、お散歩の際の目安にしてください。ドラッグストアは、「Rossmann(ロスマン)」と「dm(デーエム)」の2大チェーンがあり、街の至る所に出店しているので、すぐに見つかると思います。バス用品、化粧品、お菓子、飲み物など一通りの日用品がそろっています。ただし、少量パッケージの品や文房具類は、ベルリンでは高価。日本から持参した方がいいと思います。ここでは、ベルリンで買った方がいいものと、日本から持参した方がベターなものをご紹介します。

{ 日本から持っていくと便利なもの }

折り畳み傘orフード付きウィンドブレーカー：ベルリンでも売っていますが、日本の傘の方が軽くて丈夫です。スポーティなファッションがお好みなら、フード付きウィンドブレーカーがあると、小雨のときに重宝します。

ジャケット&ストール：1日のうちでも天気の変化が激しいベルリンでは、羽織るものは必需品。真夏ならカーディガン、春と秋の旅行ならジャケットを。ストールは通年使える超便利アイテム。ベルリンで買ってもいいと思います。

歯ブラシセット：通常ホテルにはありませんし、コンパクトなセットは売っていません。

スリッパ：ホテルにはないことが普通です。

リンス：シャンプーしかないホテルがほとんど。

プラグアダプター：コンセントプラグの形が日本とは異なります。ドイツは2本の丸い棒が出ているCタイプ。電圧は230Vで、日本の100Vし

か対応していない製品には、変圧器も必要。

生理用品：日本製の方が使い勝手がいいですが、ベルリンでも入手できます。ただし、アプリケーター付きタンポンは稀なので、愛用者は日本から持参した方がいいでしょう。

日焼け止め：意外と日差しが強いので、春〜秋には必需品。ベルリンでも安く手に入りますが、日本製のものの方が使い心地がいいです。

サングラス：夏にはあると便利。

{ ベルリンで買うと便利なもの }

市街地図：ツーリストインフォメーションかおみやげ屋、書店で売っています。できるだけすべての通りの名前が入っているものをおすすめします。

エコバック：これはもう、エコの国・ドイツで買いましょう。お店ごとにデザインも工夫していて、おみやげにもなります。

ナチュラルコスメ：日本で人気の「Dr. Hauschka(ドクター・ハウシュカ)」や「WELEDA(ヴェレダ)」がとっても安いです。またドラッグストアのオリジナルナチュラルコスメ(Rossmannなら Alterra(アルテラ)、dmでは alverde(アルヴェルデ))も、1000円以下なのに品質がよくておすすめです。ナチュラルなリップクリームは、おみやげとしても最適。

もくじ

- 2 　はじめに
- 4 　この本の使い方
- 6 　ベルリンの基本情報
- 11 　持ち物リスト

- 13 　**Mitte**　　　　　　　　ミッテ
- 27 　**Prenzlauer Berg**　　プレンツラウアーベルク
- 45 　**Friedrichshain**　　　フリードリヒスハイン
- 59 　**Kreuzberg 1**　　　　クロイツベルク1
- 73 　**Kreuzberg 2**　　　　クロイツベルク2
- 85 　**Neukölln**　　　　　　ノイケルン
- 101 　**Wedding**　　　　　　ヴェディング
- 113 　**Charlottenburg**　　シャルロッテンブルク
- 129 　**Schöneberg**　　　　シェーネベルク
- 141 　**Wilmersdorf**　　　　ヴィルマースドルフ

- 151 　簡単なドイツ語
- 154 　ジャンル別索引
- 158 　おわりに

ちょっと寄り道
- 市場で普段着のベルリンに会う　　42
- ストリートフード・イベント　　　98
- とにかくおいしい！ ベルリンのファストフード　110
- 日曜日のお楽しみ、蚤の市めぐり　126

column
- レストランに行く前に　82
- 過去とつながる街歩き　138

買い物を楽しめる、ベルリンいちばんの繁華街

Mitte

ミッテ

「ミッテ」とは、「真ん中」という意味。ベルリンという街が始まった場所であり、ベルリンのシンボル的存在であるテレビ塔や、世界遺産に登録されている博物館島がある、まさに「真ん中」。東西ドイツ分断時代は、東ベルリン側でした。ドイツ再統一後から急速に発展し、今ではベルリン一のショッピングエリアに。

{ 主な観光スポット }

テレビ塔

博物館島

ベルリン大聖堂

新シナゴーグ

赤の市庁舎

ベルリンの壁資料センター

フリードリヒシュタットパラスト

Mitte

かわいいものが詰まった ベルリンお買い物エリア

ミッテの中で、もっともショッピングが楽しいエリア。ハーケッシャー・マルクト駅からヴァインマイスターシュトラーセ駅を通り、ローザ・ルクセンブルク・プラッツ駅に至るまでのストリートは、世界的なブランドからベルリンのレーベルまで、ファッション関連のお店がずらり。ハーケッシェ・ヘーフェや、そのお隣のローゼン・ヘーフェは、建物自体も美しいので立ち寄って。

幅広い年代から支持される、独自の世界観
Blutsgeschwister 🥧
ブルーツゲシュヴィスター

シュトゥットガルト生まれのブランドで、コンセプトは「ジャーマンシック」。カラフルな色と柄が並ぶ店内は一見派手で、着る人を選ぶのではと思ってしまいそうですが、意外とそうではないのです。コーディネートする色や柄次第で、まったく異なる印象になるのが、このブランドの特徴。エレガントにも、アバンギャルドにもなる不思議な魅力を秘めており、そのせいか10代から70代まで、幅広いお客さんが来店するそうです。レディースがメインですが、キッズやクッションなどのインテリアグッズもあるので、ママとキッズがペアルックで揃えたら楽しそう。お店のある場所は、元お酢工場。当時の面影が偲ばれる、白いタイルが張られた奥の部屋は必見です。

お店の服にぴったりの靴は、「Lola Ramona」というデンマークのブランド。インテリア雑貨も。

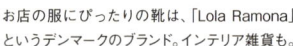

Almstadtstr. 9-11, 10119 Berlin
電話：030-23457373
交通：U8 Weinmeisterstr.
営業日：月−土 11:00-19:00
定休日：日
カード：Visa、Master
http://shop.blutsgeschwister.de/

Mitte

この手前の部屋には、バッグやインテリアグッズ、キッズコーナーが。

白いタイルの、奥の部屋。お酢工場当時の建物を生かした内装。

ランチタイムは、正面のカウンターで注文して、その場で支払い。 　温もりのある店内の席。手前には、食品の棚も並ぶ。

南ドイツの食文化を伝えるレストラン
Lebensmittel in Mitte 🍴
レーベンスミッテル・イン・ミッテ

壁からつり下げられたソーセージ、客席に隣接した白い棚には、整列した缶詰に、大小さまざまな瓶。食いしん坊さんなら見過ごせない、おいしそうな雰囲気が店内に漂っています。もちろん料理は、その期待を裏切りません。メニューの内容は、オーナーの出身地である南ドイツ・バイエルン地方の料理と、オーストリア料理が中心。昼メニューは日替わりで、夜も頻繁に変わりますが、常にドイツの定番料理と、旬の食材を贅沢に使った季節料理が用意されています。「南ドイツは、北よりも食事に時間をかけるんだよ」と、オーナー。ほどよくカジュアルな、居心地のいいこのお店なら、時間を忘れて長居してしまいそう。帰るのが名残惜しければ、店内で販売している食品をお土産に。

ソーセージやジャム、マスタードなどのおいしい食品。お土産に、お夜食（?）に。

Rochstr. 2, 10178 Berlin
電話：030-27596130
交通：U8 Weinmeisterstr.
営業日：月―金 12:00-01:00
（温かい料理は12:00-16:00、17:00-23:00）、土 11:00-01:00（温かい料理は13:00-23:00）　定休日：日
予算：アラカルト 20ユーロ前後（夜）、コーヒー 2.0ユーロ、ビール 3.0ユーロ～
カード：現金のみ

Mitte

服と雑貨、アクセサリーが調和した店内は、まさに「ハーモニー」。

誰かにプレゼントしたくなる品がいっぱい。

小さなレーベルの品も見つかるコンセプトショップ

Harmony

ハーモニー

こぢんまりとした店内に、ナチュラルな雑貨や服、アクセサリーが並ぶセレクトショップ。オーナーのダナさんが選ぶ品々は、優しくてエレガントな雰囲気を持つものばかり。日本に持ち帰っても、どれもすっと馴染みそうです。

デンマークの人気ブランドのほか、オランダの「Turina」など、ヨーロッパの小さなレーベルの商品もあるのが、この店らしさ。「雑貨作家さんの品も積極的に扱っています」と話すダナさん。好きな作家さんの活動を支持したいという想いは、とてもベルリンらしいと思います。雑貨類は20ユーロ以下で買える品が中心なので、気軽に覗いてみてください。洋服は、小柄な日本人にうれしい、サイズ34（日本の7号に相当）からの取り扱いです。

折り紙を思わせる「Turina」のアクセサリー。ピンク色の看板を目印に来店を。

Münzstr. 11b, 10178 Berlin
電話：030-27580720
交通：U8 Weinmeisterstr.
営業日：月〜土 11:00-20:00
定休日：日
カード：Visa、Master
http://www.harmonyberlin.com/

真夏の足元に、ドイツ生まれのカラフルなビーチサンダル

flip*flop
フリップ・フロップ

ベルリンの真夏のファッションに欠かせないのが、ビーチサンダルやバレエシューズ。ドイツ生まれのこのブランドは、ベーシックなビーチサンダル「オリジナル」ラインをはじめ、サンダル、バレエシューズなど多くのオリジナルコレクションがあるほか、服やアクセサリーも。豊富なカラーバリエーションも魅力です。サイズは36（23〜23.5cm）から。もっと足が小さい方はキッズ用を。

Alte Schönhauser Str. 41, 10119 Berlin
電話：030-20054295
交通：U8 Weinmeisterstr. U2 Rosa-Luxemburg-Platz
営業日：月〜土 11:00-20:00　定休日：日
カード：Visa、Master、Amex
http://www.flip-flop.de

オリジナルの服やアクセサリーもあり、トータルコーディネートできます。お店の入り口では、大きなピンク色のビーチサンダルがお出迎え。

美しいステーショナリーならお任せ

R.S.V.P
エル・エス・ファオ・ペー

グッドデザインの紙モノを探すのなら、ここがいちばん。使うのが惜しくなるような、美しい製品が揃っています。オーナーのマイケさんは、幼い頃にフランスなどできれいなノートを見かけて以来、ステーショナリーに興味をもったのだとか。扱う商品はドイツやチェコ、ポーランドなど、ヨーロッパの製品がメイン。これは、近隣国なら輸送の負荷が少ないという、環境への配慮から。

Mulackstr. 14, 10119 Berlin
電話：030-28094644
交通：U8 Weinmeisterstr. U2 Rosa-Luxemburg-Platz
営業日：月〜木 11:00-19:00、金〜土 11:00-20:00
定休日：日　カード：Visa、Master、Amex、JCB
https://rsvp-berlin.de/

木を多用したシンプルな店内は、どことなく和の雰囲気が漂います。整然と並ぶカードやノート類、筆記用具の中には、日本の製品も。

Mitte

ギャラリーが集中、
アート＆カルチャーを満喫

小さなギャラリーが軒を連ねる、アウグスト通り。気になる作品があったら、気軽にドアを開けてみて。歩き疲れたら、カフェやレストランでひと息。アウグスト通りには、静かで落ち着ける飲食店も揃っています。にぎやかな雰囲気が好きなら、ローゼンターラー・プラッツ駅周辺か、オラーニエン通りへ。アウグスト通りとは一転、トラムと人が行き交う活気が感じられます。

世界中のヴィジュアルを読もう
do you read me ?!
ドゥ・ユー・リード・ミー?!

ベルリンと言えば、アートや建築で有名。ですから、その分野の専門店があっても、不思議ではありません。ここには世界中から集めたアート・建築・ファッション・写真・インテリア・デザイン雑誌や専門書が勢揃い。ヴィジュアル中心なので、言葉がわからなくてもパラパラめくって楽しめます。お店のロゴマークがプリントされたエコバッグは、ベルリーナーの人気アイテム。

Auguststr. 28, 10117 Berlin
電話：030-69549695
交通：U8 Weinmeisterstr. U8 Rosenthaler Platz
営業日：月ー土 10:00-19:30　定休日：日
カード：Visa、Master（20ユーロ〜）
http://www.doyoureadme.de/

どれも表紙がちゃんと見えるディスプレイ。これなら言葉がわからなくても、好みのテイストを探せます。思わずジャケ買いしてしまいそう。

きらきら輝くお菓子は、まるで宝石のよう。シャンパンや朝食セットも。

幸せを運ぶ、ピエール・エルメ直伝のケーキ

Du Bonheur

ドゥ・ボヌール

パリで出会った2人が開いた、本場の味を伝えるパティスリーです。オーナーは、パリでピエール・エルメに師事したアナさんと、同じくパリで料理修業をし、ベルリンの高級レストランのシェフを務めたシュテファンさん。甘さ控えめで、生地やフルーツ、チョコレートのおいしさが広がるケーキは、ひと口食べるだけで店名の通り「ボヌール（幸せ）」に。じつは製品には小麦粉を一切使用せず、小麦の祖先にあたるスペルト小麦（ディンケル）を使っているのが特徴です。小麦に対して消化不良を起こす人が少なからずいますが、オーナー2人もそうだからというのが理由。スペルト小麦のマイルドな味わいに、確かな技術が加わって、この味が完成しているのだと思います。

パン、ヴィエノワズリー、マカロンなどが華やかに並ぶケース。イートインもできます。

Brunnenstr. 39, 10115 Berlin
電話：030-56591955
交通：U8 Bernauer Str.
営業日：水-金 8:00-19:00、
土・日 9:00-19:00　定休日：月・火
予算：ミルフィーユ 4.20ユーロ、クロワッサン 1.70ユーロ、マカロン 1.50ユーロ、カプチーノ 2.40ユーロ、ポットティー 3.80ユーロ　カード：Visa、Master
http://www.dubonheur.de/

Mitte

看板のない、シンプルな外観。

オリジナル靴は、イタリアの子ども靴ブランドgallucciに大人用を委託。

時代を超えた、上質な服づくり
Wolfen
ヴォルフェン

ベルリン在住のジャクリーヌさんがデザインしている、ヴォルフェンの服。「流行に左右されず、ベーシックで質のいいものを」との思いから生まれた服は、すべてドイツでの縫製で、中には手編みのものも。シーズンごとにアイテムの生地や色が少しずつ変化しますが、基本的なデザインやフォルムは同じ。時代を超えた普遍性があるので、お気に入りの1枚をいつまでも身につけることができます。レディースとメンズ、アクセサリーを展開しており、服のサイズはS、M、L。品によってはXSもあります。全体的に着丈が長めでゆったりしたフォルムなので、長身の方は特に素敵に着こなせそう。ヴォルフェンが似合う人は、物の価値が本当にわかる人なのかもしれません。

服も店内も、ベーシックで静謐な印象。日本で修業したドイツ人陶芸家の作品も扱っています。

Auguststr. 41, 10119 Berlin
交通：U8 Rosenthaler Platz
営業日：月ー金 12:00-19:00、
土 12:00-18:00
定休日：日
カード：Visa、Master、Amex
http://www.wolfengermany.com/

お店の入り口は奥まっているので、テラコッタ色の建物を目印に。 　　　大人気のシーフードボウル(上)と、ブーズブーズボウル。

海外のＳｕｓｈｉプレゼンテーションを堪能して

DUDU
ドゥ・ドゥ

通りと建物入り口の間にある、花と緑が美しいガーデンテラス席。夏は最高です。

ベルリンでも、お寿司は大人気。格安店から高級レストランまで、幅広いお店があります。多くは日本人以外が経営しており、日本人が想像するお寿司とはまた違う魅力に出会えます。ベトナム出身のファミリーが経営するDUDUも、その一つ。インテリアは、おしゃれなミッテ地区らしい、モダンでカジュアルなテイスト。盛りつけやテーブルセッティングなどのプレゼンテーションもきれいで、行くたびに刺激を受けます。お料理は、創作寿司がおすすめ。魚介類の刺身やフライにたっぷりの野菜とご飯、ソースをかけたグローバルなSushiは、海外だからこそ堪能してほしいです。そのほか、肉料理やベトナム料理も。フォーとお寿司を一緒に注文したりなど、自由に味わって。

Torstr. 134, 10119 Berlin
電話：030-51736854
交通：U8 Rosenthaler Platz
営業日：月ー土 12:00-0:00、
日 13:00-0:00　定休日：無休
予算：刺身 5ユーロ〜、ブーズブーズボウル 15.90ユーロ〜、肉料理 8.50ユーロ
カード：Visa、Master、Amex (30ユーロ〜)
http://www.dudu-berlin.de/

洗練された味と雰囲気のレストラン&バー
Pauly Saal
パウリー・ザール

特別なときに訪れたい、ちょっと高級なドイツ料理レストラン。メニューは昼と夜で変わり、昼は3品コースと日替わりのアラカルトも用意されています。料理は洗練されていて、とても上品。まるでフレンチのような印象を受けるかもしれません。暖かい季節には、ガーデンで食事ができます。18時からオープンするバーも素敵なので、1杯立ち寄るだけでも優雅な気分に浸れそう。

Auguststr. 11-13, 10117 Berlin（旧ユダヤ人女学校内）
電話：030-33006070
交通：U6 Oranienburger Tor U8 Rosenthaler Platz
営業日：月～土 12:00-15:00、18:00-3:00（予約推奨）
定休日：日　予算：昼の3品コース 34ユーロ
カード：Visa、Master、Amex　http://paulysaal.com/

クラシックな雰囲気ながら、モダンなアート作品も飾られているレストラン。手前のバースペースにはソファ席も。夏はガーデン席に案内してくれます。

1930年代の遺構にふれられるギャラリー
Michael Fuchs Galerie
ミヒャエル・フクス・ガレリー

パウリー・ザール同様、旧ユダヤ人女学校内にある現代アートのギャラリー。ここの見どころは大きく2つ。1つめは、展示作品そのもの。2つめは、ギャラリー空間。天井の高い奥の部屋は、女学校時代は講堂でした。1930年建造のこの建物は、1階エントランスのモザイク壁など、見どころが豊富。ナチス政権により42年に閉校に追い込まれた負の歴史も、パネル展示で伝えています。

Auguststr. 11-13, 10117 Berlin（旧ユダヤ人女学校内）
電話：030-22002550
交通：U6 Oranienburger Tor U8 Rosenthaler Platz
営業日：火～金 10:00-18:00、土 11:00-18:00
定休日：日・月
http://www.michaelfuchsgalerie.com/

広い元講堂で、ゆっくりと作品鑑賞。手前にも展示スペースが。1階エントランスの奥には、歴史を伝えるパネル展示も。ギャラリーはドイツ式3階（日本の4階）。

\ まだある！ /
Mitteのおすすめ

A ⛩ **Sessùn**
セッスン

優しいフランスレディスブランド

フランス・マルセイユ生まれのカジュアルレディスブランド。女の子っぽい優しいテイストを残しつつも、大人の女性にも似合う服が多い。店内のインテリアとフィッティングルームも必見。

住所：Alte Schönhauserstr. 44, 10119 Berlin
電話：030-27595365
営：月ー土 12:00-20:00　休：日

B 🍴 **Transit**
トランジット

大にぎわいのアジア小皿レストラン

タイとインドネシアの小皿料理レストラン。ひと皿が少量なので、あれこれと頼めるのが魅力。料理は3ユーロまたは8ユーロの統一価格。いつも大混雑の人気店なので、できれば事前に予約を。

住所：Rosenthaler Str. 68, 10119 Berlin
電話：030-24781645
営：11:00-1:00　無休

A 🍴 **Bar 3**
バー・ドライ

俳優たちが集うバー

大通りから入った、目立たない場所にあるシンプルな内装のバー。劇場が近くにあるせいか、俳優やアーティストたちがよく集まると言われている。お隣は、レストラン・ドライ。

住所：Weydingerstr. 20, 10178 Berlin
電話：030-97005106
営：火ー土 21:00-5:00　休：日・月

B 🎁 **HAY BERLIN**
ヘイ・ベルリン

デンマークHAYのベルリンストア

シンプルでモダンなデザインで人気の、デンマーク家具・雑貨ブランド、ヘイ。ベルリンで買えるショップは何店かあるが、オフィシャルストアのここは品揃えが最も充実している。

住所：Auguststr. 77/78, 10117 Berlin
電話：030-28094878
営：月ー金 11:00-19:00、土 11:00-18:00　休：日

B 🍴 **Katz Orange**
カッツ・オランジェ

高級隠れ家レストラン

静かな通りから庭をはさんで奥まった場所にある、隠れ家的存在のレストラン。料理はインターナショナルで、できる限り地元食材を使用。盛りつけも繊細でインテリアも凝っている。予約推奨。

住所：Bergstr. 22, 10115 Berlin
電話：030-983208430
営：月ー土 18:00-3:00　休：日

B ⛩ **Konk**
コンク

ベルリンデザインを身につける

2003年に、この街にいち早くオープンしたコンセプトショップ。ベルリン在住デザイナーによる服、アクセサリー、雑貨をセレクトして販売。店内の空間もアーティスティック。冬は閉店時間が1時間早まる。

住所：Kleine Hamburger Str. 15, 10117 Berlin
電話：030-28097839
営：月ー金 12:00-20:00、土 12:00-18:00　休：日

B 🍴 **ULA berlin**
ウラ・ベルリン

ベルリンスタイル創作和食

上品でモダンな創作和食レストラン。京都の一流料亭や、ドイツ日本大使公邸で働いたシェフによる独創的な和食は評価が高い。アラカルトのほか、コースや精進料理もあり。日曜はブランチも。予約推奨。

住所：Anklamer Str. 8, 10115 Berlin
電話：030-89379570　営：火ー土 18:00-24:00、日 11:00-15:00, 18:00-23:00　休：月

B 🎁 **Erzgebirgskunst Original**
エルツゲビルクスクンスト・オリジナール

ドイツ名産・木製クリスマスグッズ

店名となっているエルツ地方は、素朴な木製のクリスマスオーナメント制作で有名。日本でもおなじみのくるみ割り人形など、典型的な手作りのクリスマスグッズやおもちゃが手に入る。

住所：Sophienstr. 9, 10178 Berlin
電話：030-28045130
営：月ー金 11:00-19:00、土 11:00-18:00　休：日

若いファミリーと、瀟洒な店が同居する街

Prenzlauer Berg

プレンツラウアーベルク

旧東ベルリンのプレンツラウアーベルクは、ミッテに続いて東西ドイツ再統一後に発展。90年代からここに住み着いた若いクリエイターや学生たちも、今では家族を持つ年齢に。そのため、小さな子どもと若い両親の姿が目立ちます。洗練されているのに気取らないカフェや雑貨店、子ども服店などがあり、散策にぴったり。

{ 主な観光スポット }

マウアーパーク（壁公園）

シオン教会

給水塔

コルヴィッツ広場

クルトゥア・ブラウエライ

A Prenzlauer Berg

クリエイティブな雰囲気に満ちた街を
おしゃれな気分でめぐってみて

瀟洒なアルトバウ（築100年程度のアパート）が立ち並ぶストリート。そこを、ベビーカーを押して歩く若いパパとママ。元々クリエイターたちが住み始めたこのエリアは、人気が出てから一層洗練されましたが、クリエイティブな雰囲気はそのまま。木曜と土曜に市場が立つコルヴィッツ広場と、その北側を走るダンツィガー通りの間に、感じのよいカフェ・レストランやお店が集中しています。

くつろげるサードウェーブコーヒーカフェ
No fire, No glory
ノー・ファイアー・ノー・グローリー

日本でも広まっている、豆の品種や淹れ方にこだわった、サードウェーブと呼ばれるコーヒーの潮流。ベルリンでも2010年頃から、その流れを汲んだカフェが登場し始めました。ここもそのひとつ。産地にこだわった豆をハンドドリップやエアロプレスなど、数種類の方法で淹れています。好みの豆を選べば、豆の特性を引き出す淹れ方で提供してくれるほか、淹れ方で指定しても構いません。もちろん、ビオ（オーガニック）ミルクをたっぷり入れた、クリーミーなラテやカプチーノもおすすめ。苦みが少なく、まろやかな味なので、コーヒーが苦手な人も好きになってしまうかもしれません。コーヒーのお供には、カウンター上に並んでいる焼き菓子を、ぜひ。シンプルなインテリアも落ち着きます。

春になると真っ白い花をつける木が目印。サンドイッチなどの軽食も。

Rykestr. 45, 10405 Berlin
電話：030-28839233
交通：U2 Senefelderplatz
営業日：月－日 10:00-20:00
定休日：無休
予算：カプチーノ 2.70ユーロ、カフェラテ 3.40ユーロ、ブラウニー 2.90ユーロ
http://gloryberlin.blogspot.de/
WLANあり

Prenzlauer Berg

Espresso	2,00
Americano	2,20
Espresso Macchiato	2,30
Cappuccino	2,70
Galao	2,90
Caffe Latte	3,40
Latte Macchia	0
Flat White	
Extra Shot	

コーヒー好きならSpiritのマシンに目が行きそう。

フリーWi-Fiがあるので、仕事をする人の姿も。

ナチュラルコスメのスザンネ・カウフマンなど肌に優しい品々。

心も体もきれいに、気持ちよく
MDC cosmetic
エム・デー・ツェー・コスメティック

きれいになるには、うわべだけでなく、心の底からいい気持ちになることが大切な気がします。このお店のラインナップは、コスメティック、フレグランス、アクセサリーにお茶、そしてエステティックと、心と体が喜ぶものばかり。いずれもオーナーのメラニーさんが、独自の審美眼で選び抜いた品々です。コスメは、「イソップ」や「スザンネ・カウフマン」を中心に、世界のブランドを取り扱い、スタッフが詳しくアドバイスをしてくれます。また、日本でも有名なドイツ人デザイナー、フランク・リーダーとMDCのダブルネームウェアなど、このお店だからこそ手に入る品もいろいろ。他ではなかなか手に入らない、ちょっと特別なものを見つけたいときに、訪れてみてください。

オーナーのメラニーさんやスタッフが迎えてくれます。店内奥にはエステルームが。

Knaackstr. 26 10405 Berlin
電話：030-40056339
交通：U2 Senefelderplatz
営業日：月一水 10:00〜19:00、
木一土 10:00-20:00　定休日：日
カード：Visa、Master
http://mdc-cosmetic.com/

Prenzlauer Berg

A

噴水の水音が心地いい、南国ムードの中庭。

バカンス気分を味わえる、エキゾチックな部屋。

バカンス気分に浸れる、極上リラックス空間
Ackselhaus
アクセルハウス

まるで郊外の瀟洒なヴィラにいるかのようにリラックスできるのが、このアクセルハウス。普通のアパートの部屋をホテルとして改装しており、外からはホテルとは気づきません。建物は、フロントがあるアクセルハウス館と、そこから1軒隔てたブルーホーム館の2つ。どちらもひと部屋ごとにインテリアが異なるので、訪れるたびに楽しめます。暖かい時期なら、ぜひともゆっくりと過ごしてほしいのが、ブルーホーム館の中庭。小さな池の噴水から流れ落ちる水音や、ガラス張りのサンルームに配置されたアジアンテイストの天蓋ベッドなど、バカンス気分に浸れます。エントランスの水槽には、色鮮やかな魚たちが。ここでの滞在を旅の目的のひとつにしたくなる、そんなホテルです。

海をテーマにした朝食ルーム。壁に埋め込まれた水槽には、色鮮やかな魚たち。

Belforter Str. 21 10405 Berlin
電話：030-44337633
交通：U2 Senefelderplatz
予算：アパート1室 120ユーロ〜
カード：Visa、Master
http://www.ackselhaus.de/
WLANあり

オーナー自身が注いでくれる、おいしい自家製ビール。 　　　　　　　　　　　　　ヴァイツェン(左)とピルス、小皿料理で乾杯！

ドイツ小皿料理をお供に、自家製ビールを味わって

Leibhaftig

ライプハフティヒ

本場ドイツの自家製ビールを片手に、何種類ものドイツ料理をちょっとずつつまめたら……そんな願いを叶えてくれるのがこのお店。オーナー夫妻自らが醸造するWanke(ヴァンケ)という名のビールは、すっきりとしたピルスナーと、芳醇な香りのヴァイツェン(小麦)の2種類。気に入ったら、瓶で持ち帰ることもできます。お料理は、南ドイツ・バイエルンの定番メニューが中心で、日本人にうれしい小皿サイズ。ですから、まるで日本の居酒屋のような感覚で、気になる料理をあれこれ試すことができるのです。そのほかスピリッツ類や、もちろんジュースもあります。女性1人でも入りやすい上品なインテリアで、オーナー夫妻もフレンドリー。お店は半地下にあり、キツネマークの看板が目印です。

常連客が大勢いるのも納得の、アットホームな雰囲気。週末は混むので、ぜひ予約を。

Metzer Str. 30, 10405 Berlin
電話：030-54815039
交通：U2 Senefelderplatz
営業日：月～土 18:00-24:00
定休日：日
カード：現金のみ
http://www.leibhaftig.com/

Prenzlauer Berg

定番ドイツ料理を、気軽な雰囲気で
imbiss204
インビス204

オーナーのアンドレアスさんとシュテファンさんは、ともにドイツの一流レストランやホテルで経験を重ねた料理人。その2人がベルリンで出会い、このお店が生まれました。典型的なドイツ料理を味わえる定番メニューのほか、シーズンメニューと日替わりランチもあります。カジュアルな雰囲気と手頃なお値段ながら、味は本物。毎日多くの常連客が訪れるのが、何よりの証拠です。

Prenzlauer Allee 204, 10405 Berlin
電話：030-24038543
交通：U2 Eberswalder Str.
営業日：月～金 12:00-22:00　定休日：土・日
カード：現金のみ
http://www.imbiss204.de/

店内の半分が厨房、半分が客席。オーナー2人が調理する姿を見られます。定番メニューのブレッテ（ドイツ風ハンバーグ）は3個入りでボリューム満点。

お直しやさんで手芸グッズを買いましょう
Flick- und Änderungsschneiderei
フリック・ウント・エンデルングスシュナイデライ

その店内から、てっきりここは雑貨屋さんだと思っていました。でも本業は、服のお直し。ぎっしり並ぶ雑貨は、オーナーのミヒャエルさんが日曜日ごとに蚤の市で買い付けた品々です。収集テーマは、リリアンの編み器など手芸にまつわる品で、90年代の開店時には真っ白だった壁が、今ではご覧の通り。これらの品は販売しています。だからやっぱり、ここは雑貨屋さんでもあるのです。

Wörther Str. 31, 10405 Berlin
電話：030-4424549
交通：U2 Senefelderplatz, Eberswalder Str.
営業日：月～金 10:00-18:00、
土 10:00-16:00（昼休み 12:00-13:00）
定休日：日　カード：現金のみ

手芸グッズで埋め尽くされた店内で、今日もミヒャエルさんが黙々とミシンを踏んでいます。ミニチュアワールドのような、かわいいウィンドウディスプレイも必見。

35

パンもケーキも種類が豊富で目移りしそう。

人気カフェのケーキとパンをテイクアウト
Backstube Sowohl Als Auch
バックシュトゥーベ・ゾー・ヴォール・アルス・アオホ

豊富なケーキと朝食メニューで、いつもにぎわっているカフェ「ゾー・ヴォール・アルス・アオホ」。そのお隣に、同名のパン・ケーキ屋さんがあります。カフェと同じケーキをテイクアウトできるほか、セルフサービスで食べられるスツール席があるので、忙しいときにも利用価値大。もちろんコーヒーなどのドリンク類も頼めます。商品はすべて自家製。斜め向かい側にある工房から、毎日できたてが届きます。ショーケースには、サクランボが乗ったシュヴァルツヴェルダー・キルシュトルテなど、ドイツでおなじみのケーキがいろいろ。大きめですが、さっぱりした甘さなので、きっとぺろりと食べられると思います。手作りジャムやプラリネチョコレートは、おみやげに最適。

イートインはセルフサービスで。典型的なドイツのケーキが中心です。

Kollwitzstr. 88, 10435 Berlin
電話：030-44048259
交通：U2 Eberswalder Str.
営業日：月－日 6:00-20:00
定休日：無休
予算：生ケーキ 3.30～3.50ユーロ
カード：Visa、Master
http://www.tortenundkuchen.de/

Prenzlauer Berg

ベルトやバッグも一緒にコーディネート。

オーナーの1人、ジルケさんも自ら店頭に立ちます。

４つのベルリンレーベルでトータルコーディネート
NordOst 92
ノルト・オスト・ツヴァイ・ウント・ノインツィヒ

ベルリンには、自分でお店を構えながら服作りをしているデザイナーが大勢います。ノルト・オスト92は、そんなベルリン在住デザイナー4人が集まり、共同で開いたお店。4人はそれぞれ自身のレーベルを持っており、いずれもテイストが異なります。でもディスプレイはレーベルごとに分かれていて、見やすいのがうれしいところ。

4つのレーベルのほかに、シーズンによって7つのレーベルも扱っていて、バッグや靴、アクセサリーなども揃っています。つまり、このお店に来れば、全身トータルコーディネートできるというわけ。お店には、4人のうちの誰かがいる場合が多いので、デザイナーから直々におしゃれアドバイスがもらえます。

お店は半地下。でも歩道上に各レーベルのマネキンがあるので、すぐにわかるはず。

Kollwitzstr. 78, 10435 Berlin
電話：030-54469055
交通：U2 Eberswalder Str.
営業日：月ー金 11:00-20:00、土 12:00-18:00　定休日：日
カード：Visa、Master、Amex
http://www.nordost92.de/

B Prenzlauer Berg

おもちゃ箱のように、隠れたところに魅力的な店が潜む

ダンツィガー通りから北側は、南側に比べて、よりカジュアルで気取らない印象です。ダンツィガー通りから、子どもたちがにぎやかに遊ぶヘルムホルツ広場までの道には、個性的なお店があるので、探検気分で歩き回って、おもしろい発見をしてみましょう。ベルリンは、暮らすように滞在すると真価を発揮する街ですが、この辺りを歩けば、きっとその感覚がわかると思います。

100年前のベルリンの暮らしに、タイムスリップ

Bauen und Wohnen um 1900

バウエン・ウント・ヴォーネン・ウム・ノインツェーンフンデルト

ベルリンのアパートは、1900年前後に建てられたものが主流。この小さなミュージアムでは、当時のインテリアと暮らしぶりを再現しています。現代のようにセントラルヒーティングや冷蔵庫がない時代、人々はどのように暮らしていたのか、係の人による説明やパネル展示で学べます。ここを訪れると、私たちの生活は過去からずっとつながっていることを、強く感じられます。

100年前のアパートはロマンティックに見えますが、不便な点も多々ありました。

Dunckerstr. 77, 10437 Berlin
電話：030-4452321
交通：U2 Eberswalder Str.
営業日：木ー火 11:00-16:30　定休日：水
入場料：大人 2ユーロ、子ども 1ユーロ
http://www.ausstellung-dunckerstrasse.de/

Prenzlauer Berg

心地よい刺激を足に感じる、少し不思議な癒やしタイム。

ドクターフィッシュとたわむれて、すべすべの足に
Fußfetifisch
フースフェティフィッシュ

古い角質を食べてくれる魚、ドクターフィッシュの足エステを体験してみませんか？　方法は簡単。まずは日時の予約をして、来店時に皮膚病がないかどうかを質問表に記入します。その後、水槽ルームの一角にある洗い場で足を洗ったら、足カバーを付けて、案内される水槽へ移動。席に座ったらカバーを外して、素足をゆっくりとドクターフィッシュが泳ぐ水槽へ。するとどうでしょう！　プチプチとくすぐったいような、未知の感触が訪れるはず。目を閉じれば、水槽の水流の音が心地よく、瞑想にふけることができそうです。ドクターフィッシュは、古い角質を取ってくれるほか、血行をよくする効果もあると言われています。お散歩で疲れた足を、ここでいたわってあげて。

質問表に記入したら水槽へ。足を入れた瞬間に、ドクターフィッシュが集まります。

Danziger Str. 26, 10435 Berlin
電話：030-54598957
交通：U2 Eberswalder Str.
営業日：火〜土 12:00-20:00
定休日：日・月
予算：20分 12ユーロ、30分 15ユーロ、45分 20ユーロ（要予約、足に皮膚病がないことが条件）　カード：現金のみ
http://fussfetifisch.de/

世界各国のグルメ食品が隅々までぎっしり

買う？食べる？習う？食のことならすべてお任せ
Goldhahn & Sampson
ゴールドハーン・ウント・サンプソン

食材・キッチンツール・レシピ本・料理教室そしてカフェ。ここに来れば、食に関するすべてがそろいます。「エーリヒ・ハーマン」のチョコレートや、「ファイブエレファント」のコーヒー豆など、メイド・イン・ベルリンの品々もセレクトされているので、おみやげ探しにもぴったり。奥には、本棚にぎっしりのレシピ本を椅子に腰かけて読めます。料理の腕を上げたい人は、店内のキッチンスタジオで開かれる料理教室はいかがですか。内容はフレンチ、イタリアン、中華、和食、パン・お菓子とインターナショナルで、1回単位で好きな内容を申し込めます。英語コースの回もあるので、言葉に自信がある人はぜひどうぞ。ドイツ人と一緒に調理したら、何よりの思い出になりそうです。

店内奥にあるレシピ本コーナーと、キッチンスタジオ。ここもぎっしり感が。

Dunckerstr. 9, 10437 Berlin
交通：U2 Eberswalder Str.
営業日：月ー金 8:00-20:00、
土 10:00-20:00　定休日：日
カード：Visa、Master、Amex（10ユーロ〜）
http://www.goldhahnundsampson.de/

Prenzlauer Berg

絶品・骨付き鴨のロースト。この日は紫キャベツと共に

クラシカルな店内の雰囲気も素敵です。

思わず笑顔になる、おいしくて繊細なドイツ料理

Oderquelle
オーダークヴェレ

繊細で上品、そして本当においしいドイツ料理を食べたいなら、迷わずここです。メインは、3日ごとに変わる3品コースと、3週間ごとに変わるデイリーメニューから選べます。コースの中から、好きな料理だけを単品で注文することも可能。ドイツでおなじみの食材を使ったクラシックな料理が中心で、何を選んでもはずれがありません。中でも私のおすすめは、3品コースに含まれているスープと、皮がカリッと香ばしい、骨付き鴨のロースト。スープの内容は季節によって異なりますが、食材の合わせ方とブイヨンの味に感動します。もしかしたら、それまで抱いていたドイツ料理の印象が一変するかもしれません。サービスもきめ細やか。思わず笑みがこぼれるレストランです。

大人数でも入りやすい、3部屋ある店内。週末は混むので、予約がおすすめ。

Oderberger Str. 27, 10435 Berlin
電話：030-44008080
交通：U2 Eberswalder Str.
営業日：月〜土 18:00-1:00、
日 12:00-1:00　定休日：無休
予算：3品コース 23ユーロ、メイン料理 9.5ユーロ〜、グラスワイン 2.1ユーロ〜
カード：Visa、Master
http://www.oderquelle.de/

ちょっと寄り道

市場で普段着のベルリンに会う

Wochenmarktと呼ばれる市場は、あちこちの広場で決まった曜日に開かれています。ベルリーナー（ベルリンっ子）たちに混じって、暮らす気分を味わって。

Kollwitzplatz
コルヴィッツ広場

コルヴィッツ広場周囲の路上に並ぶスタンドを見ると、どことなく上品な雰囲気が漂っています。木曜は有機食品が中心のエコ市場、土曜は有機以外の農家も集まる市場です。生鮮食品のほかに、クリエイターによる手作り雑貨も豊富。季節によっては生牡蠣スタンドが立つので、ワインと一緒に味わうのも、また格別です。

Kollwitzplatz, 10435 Berlin
木 12:00-19:00、土 9:00-16:00　（地図P29）

Maybachufer
マイバッハウーファー

毎週火曜と金曜にコットブッサーダム通りから運河沿いに曲がると、トルコへトリップしたよう。売る人も、売っている品も、行き交う言葉も、まるでトルコ。普通の店ではなかなかお目にかかれない、珍しい食品が見られるのも楽しみ。土曜は同じ場所で、手芸グッズ市 Neuköllner Stoff（ノイケルナー・シュトッフ）が開催されます。

Maybachufer, 12047 Berlin
火 11:00-18:30, 金 11:00-18:30
（地図P60）

Chamissoplatz
シャミッソー広場

ビオ（オーガニック）食品が中心の、こぢんまりとした市場。でもエコ市場としては、最も古い市場の一つです。新鮮な野菜や卵、乳製品、お花などが売っていて、地元民の大切な買い物の場になっています。近くには室内市場のMarheineke Markthalle（マルハイネケ・マルクトハレ）もあるので、土曜に行けばダブルで市場を楽しめます。

Chamissoplatz, 10965 Berlin
土 9:00-15:00 （地図P75）

Winterfeldtplatz
ヴィンターフェルト広場

最も有名な市場の一つ。毎週水曜と土曜の開催で、特に土曜は大勢の人々でお祭りのような雰囲気に。ただ見て歩くだけで楽しいです。この広場から、シェーネベルク地区でいちばんお散歩が楽しい通りゴルツ通りと、アカーツィエン通りはすぐそこ。市場がある日に、シェーネベルク地区に行くのがおすすめです。

Winterfeldtplatz, 10781 Berlin
水 8:00-14:00, 土 8:00-16:00 （地図P131）

43

\\ まだある！ //

Prenzlauer Berg のおすすめ

A The Barn Roastery
ザ・バーン・ロースタリー

静かな焙煎所カフェ

奥が焙煎所、手前がカフェ。エスプレッソ以外にシングルオリジンコーヒーにもこだわり、フィルターやサイフォンなどの淹れ方と豆が選べる。ノートパソコン使用は禁止の、静かにコーヒーを味わうカフェ。

住所：Schönhauser Allee 8, 10119 Berlin
営：月 11:00-16:00、火－木 8:30-17:00、
金 8:30-18:00、土・日 10:00-18:00　無休

A Sorsi e Morsi
ソルシ・エ・モルシ

イタリアワインとアンティパスト

おいしいイタリアワインとアンティパスト専門のワインバー。ワインは好みの傾向をいえば、見繕ってくれる。アンティパストの盛り合わせは各サイズあり。常に混んでいる人気店。

住所：Marienburger Str. 10, 10405 Berlin
電話：030-44038216
営：月－土 18:00-深夜　休：日

A ting
ティング

北欧＋アジアのセレクト雑貨

シックでかわいい雑貨ショップ。日本人の感覚にすっと馴染むのは、主に北欧とアジア各国からセレクトしているからかも。テキスタイル、アクセサリー、文具など見ているだけでも楽しい。

住所：Rykestr. 41, 10405 Berlin
電話：030-53796506
営：月－金 11:00-19:00、土 11:00-17:30　休：日

A Maierei
マイエライ

朝からやっているアルペンカフェ

アルペン料理と食品が買える、気軽なカフェ・レストラン。注文はカウンターで。コクのあるチーズケーキやアプフェルシュトゥユーデルなど、南ドイツのおいしいものが豊富。朝食を食べたいときにも。

住所：Kollwitzstr. 42, 10405 Berlin
電話：030-92129573　営：月－金 7:30-19:00、
土 9:00-18:00、日 10:00-18:00　無休

A Godshot
ゴッドショット

こだわりエスプレッソ

コーヒー豆の品質にこだわったカフェ。豆は好みで選ぶことができる。エスプレッソのほかカプチーノやラテもおいしい。店内は意外に奥行きが広く、ゆったりくつろげる。

住所：Immanuelkirchstr. 32, 10405 Berlin
電話：030-37002466　営：月－金 8:00-18:00、
土 9:00-18:00、日 10:00-18:00　無休

B Linnen
リネン

デザインアパートホテル＆カフェ

ひと部屋ごとに違うインテリアの、かわいいホテル。普通の部屋とアパートホテルの2タイプあり、1階のカフェは誰でも利用できる。好みのインテリアの部屋に泊まるのなら、早めの予約を。

住所：Eberswalder Str. 35, 10437 Berlin
電話：030-47372440
http://www.linnenberlin.com/

A Pfefferbräu
プフェファーブロイ

上品なブルワリーレストラン

2種類の定番ビールと1種類のスペシャルビールが飲める、自家醸造ビールレストラン。一口サイズもあるのが良心的。料理は軽いものからステーキまで。女性でも入りやすい、上品な雰囲気。

住所：Schönhauser Allee 176, 10119 Berlin
電話：030-4737736240
営：火－日 17:30-23:00　休：月

B Shakespeare and Sons
シェイクスピア・アンド・サンズ

英語書籍＆ベーグルカフェ

英・仏語専門書店とカフェが一つになった、レトロな雰囲気のお店。本はアート、旅行ガイド、文学とオールジャンル。ベーグルは好みのフィリングを選べる。フリードリヒスハインにも支店あり。

住所：Raumerstr. 36, 10437 Berlin
電話：030-40003685
営：月－土 10:00-20:00、日 11:00-20:00

若いエネルギーと社会主義時代の名残が交錯

Friedrichshain

フリードリヒスハイン

学生や若いファミリー、パンクスの姿が目に入るフリードリヒスハインは、若いエネルギーに満ちあふれています。その一方で、旧東ドイツ時代の社会主義的なアパートには、東ドイツ時代から住むお年寄りも。飲食店が並ぶ通りも、ストリートアートで埋まった敷地も、小鳥がさえずる公園もあり、いくつもの表情を持っています。

{ 主な観光スポット }

イーストサイド・ギャラリー

カール・マルクスアレー

ボックスハーゲナー広場

Map

- Weberwiese U5
- Karl-Marx-Allee
- Frankfurter Tor U5
- Karl-Marx-Allee カールマルクスアレー
- Papa No (寿司) パパノ
- P58 Liebe Møbel haben リーベ・メーベル・ハーベン (家具)
- Simon-Dach-Straße ジモン・ダッハ通り このエリアで最も飲食店が集中している通りの一つ。気軽に入れるレストラン、カフェ、バーなど。
- Espressobar La Tazza D'Oro ラ・タッツァ・ドロ (カフェ)
- Berghain ベルクハイン (クラブ)
- P58 Goodies グーディーズ (カフェ)
- Hirsch ヒルシュ (レストラン)
- P51 Homemade ホームメイド (カフェ)
- P52 Cupcake Berlin カップケーキ・ベルリン (ケーキ)
- P50 Julia & Amely ジュリア・ウント・アメリー (ジュエリー)
- tumult-berlin トゥムルト・ベルリン (生地店)
- Caramello カラメロ (アイス)
- Trattoria Libau トラットリア・リーバウ (イタリアン)
- Olivia Tartes & Schokoladen オリヴィア・タルテス・ウント・ショコラーデン (チョコレート) P58
- P55 Veganz ヴェガンツ (オーガニックスーパー)
- P48 Schneeweiß シュネーヴァイス (アルペン料理)
- エリア B
- East-Side-Gallery イーストサイドギャラリー 現存するベルリンの壁。アーティストたちが壁崩壊後に、壁面に作品を描いた。
- Warschauer Straße U1 S5 S7 S75
- P58 Michelberger Hotel ミッヒェルベルガー・ホテル (ホテル)
- 【ちょっと寄り道】P98 Village Market ヴィレッジ・マーケット
- Coffee bar Oberbaum City コーヒーバー・オーバーバウムシティ (コーヒー)
- Cafe Royal カフェ・ロヤール (カフェ)
- Intershop2000 インターショップ・ツヴァイタウゼント (雑貨) P57
- Universal Osthafen ユニヴァーサル・オストハーフェン (レストラン)
- Yuki Espressobar ユキ・エスプレッソバー (カフェ)
- P56 nhow Berlin エヌハウ・ベルリン (ホテル)
- Schlesisches Tor U1
- シュプレー川 Spree
- クロイツベルク 1 P61

46

Friedrichshain

- SupaRina
  スパリナ（アクセサリー）
- Salamas Bar
  サラマス・バー
  （スポーツバー）
- Ohlala
  オララ（ケーキ/カフェ）
- Leander
  レアンダー
  （レストラン）
- 【ちょっと寄り道】P126
  Boxhagener Platz
  ボックスハーゲナー・プラッツ
- Bariton
  バリトン（メキシコ料理）
- Cafe Schmitts
  シュミッツ（バー）
- Butterhandlung
  ブッターハンドルング
  （レストラン）
- Eispiraten P58
  アイスピラーテン
  （アイス）
- Boxhagener Platz
  ボックスハーゲナー広場
- Victoria met Albert P54
  ヴィクトリア・メット・アルバート（雑貨/レディス/メンズ）
- Küchenliebe
  キュッヘンリーベ（キッチン道具）
- Aunt Benny P53
  アント・ベニー
  （カフェ）
- Yoyo
  ヨーヨー
  （ヴィーガン料理）
- Schwesterherz P51
  シュヴェスターヘルツ
  （雑貨/カフェ）
- Stadtengel P58
  シュタットエンゲル
  （雑貨）
- Peccato P58
  ペッカート
  （服、雑貨）
- Hops & Barley P52
  ホップス・アンド・バーレー
  （ブルワリーピアバー）
- Silo P58
  シロ（カフェ）
- Die Turnhalle
  トゥルンハレ
  （カフェレストラン）
- Vöner
  ヴェーナー
  （ベジタリアン料理）
- Geronimo
  ジェロニモ（バー）
- Uebereck
  ユーバーエック
  （カフェ）

エリアA

Ostkreuz

1:10,000　0　200m

徒歩約5分

A Friedrichshain

ショッピングや食事のあと、地元民に紛れて広場へ

ジモンダッハ通りは、カフェ・レストランで埋まっているといっていいほどの通り。ショップもこの通りを中心に広がっています。地元民からはボクシィの愛称で親しまれているボックスハーゲナー広場は、土曜に市場、日曜日に蚤の市が開かれる、市民の憩いの場。フランクフルター・トアー駅から西へ延びるカール・マルクス通りに沿って立つ、旧東ドイツ、社会主義時代の建築群も必見です。

真っ白いテーブルの上で咲く、華やかな創作料理

Schneeweiß
シュネーヴァイス

真っ白な、という店名の通り、アルプスの雪を思わせる店内。カジュアルなレストランが多いフリードリヒスハインで、ここは一線を画しています。でも接客はとてもフレンドリー。お客さんの層も幅広く、約半数はツーリストとか。料理は定番オーストリア料理と、月替わりの創作インターナショナル料理。せっかくここに行くのなら、ぜひ創作料理を食べてほしいです。デンマークでも修業したシェフのマルセルさんが作る料理は、意外な食材同士の組み合わせと、おいしさを引き出す調理法、そして盛りつけの美しさで、お客さんを虜に。これまでの経験からレシピのインスピレーションが湧くそうですが、1品1品がまさにお皿に描かれたアートです。人気店のため、来店前に必ず予約を。

異なるインテリアの部屋がいくつもある店内。創作料理は肉・魚・ベジの各種があり。

Simplonstr. 16, 10245 Berlin
電話：030-29049704
交通：U1 S5 S7 S75 Warschauer Str.
営業日：月～金 18:00-1:00、
土・日 10:00-1:00（予約推奨）
定休日：無休　予算：アラカルトメイン 10.50ユーロ～、デザート 2.60ユーロ～
カード：Visa, Master
http://www.schneeweiss-berlin.de/

Friedrichshain

テーブルも椅子もアルプスの雪の白。天井のライトは薄氷のよう。

デュロック豚のリブに桃を合わせた華やかな創作料理。

手仕事の素晴らしさを感じられる品がいろいろ。

サイズ直しや石の交換にも応じる、ショップ兼アトリエ。

作家さんの仕事を見て、ジュエリーを手にする喜び
Julia & Amely ㊗
ユリア・ウント・アメリー

ウィンドウにディスプレイされたネックレスやリング、ピアス。よく見るとその奥には、作業をしている女性たちがいます。ここはジュエリー学校で知り合ったユリアさんとアメリーさんが、夢を叶えてオープンしたショップ兼アトリエ。デザインから制作まで、すべて2人の共同作業で生まれるジュエリーは、細かい細工が施されたり、小さな宝石がついていて、上品でありながら存在感があります。もちろんすべてが手仕事。高価なものもありますが、中には100ユーロ以下で買える品も。ショーケースで仕切られたアトリエでは、まるで歯医者さんにあるような道具で、作品を作っている2人の姿が見えます。その工程を見ていると、手にしたジュエリーに一層愛着が湧きそうです。

アトリエで作業をするユリアさん。削ったり、磨いたり、根気のいる作業です。

Wühlischstr. 33b, 10245 Berlin
電話：030-53792906
交通：U1 S5 S7 S75 Warschauer Str.,
U5 Frankfurter Tor
営業日：月〜金 11:00-19:00、
土 11:00-18:00　定休日：日
カード：現金のみ
http://www.juliaundamely.de/

Friedrichshain

おみやげ探しにぴったりの雑貨屋さん
Schwesterherz
シュヴェスターヘルツ

小さなカフェスペースのある、雑貨屋さん。かわいいカードやノート、おもちゃなどがコーナーごとに分かれています。ベルリンモチーフグッズは、プレゼントやおみやげにぴったり。気軽に買えるお値段が多いので、まとめ買いもできます。お隣は、キッチンツール専門の姉妹店、キュッヘンリーベ。料理やお菓子作りが好きな方は、こちらも忘れずに訪れてください。

Gärtnerstr. 28, 10245 Berlin
電話：030-77901183
交通：U5 Samariterstr.
営業日：月～金 11:00-20:00、土 10:30-19:00、日 13:00-17:00　定休日：無休　カード：Visa, Master
http://www.schwesterherz-berlin.de/

幅広い商品が揃うお店。特にステーショナリーが充実しています。小さなカフェコーナーにはスムージーなどがあり、ちょっと喉が渇いたときにぴったり。

いつ行っても、おいしいものが食べられる
Homemade
ホームメイド

朝食とランチ、ケーキが終日注文できる、便利なカフェ。フードだけでなくインテリアまでホームメイドで、店名に偽りはありません。好評のランチパケートは、サラダ、スープ、パンに好きな1ドリンクを選べるセット。甘さ控えめのケーキもおいしいです。オーナー手作りのネオンや手描き黒板メニュー、水道管を利用したテーブルなど、随所にオリジナリティを感じます。

Simon-Dach-Str. 10, 10245 Berlin
電話：030-12014187
交通：U5 Frankfurter Tor
営業日：月～日 9:00-21:00　定休日：無休
予算：ランチパケート 8.50ユーロ　カード：現金のみ
https://www.facebook.com/homemadeberlin

ドリンクが付いたランチパケート（左下）が人気。自家製レモネードは、写真の赤のほかに、黄・グリーンの計3種類。店内はフリーWi-fiも完備。

51

ベルリンでいちばん最初のカップケーキ屋さん

Cupcake Berlin
カップケーキ・ベルリン

カップケーキなど誰も知らなかった2007年に、アメリカ人のドーンさんがドイツ人のダニエルさんと開いた、ベルリン初のカップケーキカフェ。ドイツのケーキとは異なる、ふんわり柔らかい、甘い生地と、アイシングの飾りで、今では人気スウィーツの一つにまでなりました。ビーガンケーキもあるほか、NYチーズケーキやブラウニーなど、おなじみアメリカンスウィーツもいろいろ。

Krossener Str. 12, 10245 Berlin
電話：030-25768687
交通：U5 Frankfurter Tor
営業日：月－日 12:00-20:00　定休日：無休
予算：カップケーキ 2.80ユーロ、ビーガンカップケーキ 2.80ユーロ　カード：現金のみ　http://www.cupcakeberlin.de/

色とりどりのアイシングで飾られたカップケーキは、見た目も味も、甘さたっぷり。コーヒーがよく似合いそう。ドイツ人はチョコレート風味が好きとか。

店内で醸造した、マイスターの手作りビール

Hops & Barley
ホップス・アンド・バーレー

100年以上前のタイルが残る、素敵な自家醸造ビールバー。オーナーのフィリップさんは、バイエルンでビール職人に弟子入りし、さらにベルリン工科大学で勉強したマイスター。バランスの取れた味と適正価格をモットーに、ピルスや小麦、褐色ビール、期間で変わるスペシャルビールを店内で醸造しています。マイスターが作るビールのおいしさを、ぜひじっくりと味わって。

Wühlischstr. 22-23, 10245 Berlin
電話：030-29367534
交通：U1 S5 S7 S75 Warschauer Str.
営業日：月－日 17:00-深夜　定休日：無休
予算：ビール 2.10ユーロ～、ボックソーセージ 2.50ユーロ
カード：現金のみ　http://hopsandbarley.eu/

店内奥にあるブルワリーで、フィリップさんがおいしいビールを造っています。この場所は元お肉屋さん。その時代からのタイルが店内に残っています。

Friedrichshain

A

カイラさんらしい、シンプルで温もりのあるインテリア。

ベーグルはフィリングが選べます。

カナダ人の元インテリアデザイナーが作ったカフェ
Aunt Benny ☕
アント・ベニー

オーナーのカイラさんは、カナダ出身。だからここのメニューは、自家製キャロットケーキやバナナブレッド、ベーグルなど、母国カナダで親しんでいたものばかりです。それ以外にも、カウンターの上においしそうな焼き菓子もたくさん並んでいて、目移りします。

カイラさんはインテリアデザイナーだったので、当然内装もおしゃれ。黒板とタイルという異素材を効果的に合わせ、存在感のあるアンティークの製図用椅子を置いた、シンプルでユニセックスなテイストです。フリードリヒスハインで、いちばんセンスのいいカフェかもしれません。18時を過ぎれば、お隣のバーがオープンします。ジュースだけでは物足りない人は、お隣に移動しましょう。

入り口正面に、黒板に書かれたメニューが。ショーケースには何種類ものケーキ。

Oderstraße 7, 10247 Berlin
（入り口はJessnerstr.側）
電話：030-66405300
交通：U5 S8 S9 S41 S42 Frankfurter Allee
営業日：火〜金 9:00-20:00、土・日 10:00-20:00　定休日：月
予算：ベーグル 2ユーロ〜、スムージー 4.50ユーロ　カード：現金のみ
http://auntbenny.com/

メンズ・レディース共に揃っています。　　　　　　　　　　　ブルーの雑貨コーナー。北欧やイギリスの品が中心。

毎日を楽しく、おしゃれにするセレクトショップ
Victoria met Albert ㊟
ヴィクトリア・メット・アルバート

特に探しものがなくても、雑貨や服を見るのは楽しいもの。ここは、豊富なアイテムが揃っているコンセプトショップ。入り口をはさんで左右に広がる店内に、服やバッグ、アクセサリー、雑貨がきれいにディスプレイされていて、ついつい長居してしまいます。服やバッグは、日常使いできるカジュアルなデザイン。雑貨はロマンティックでシャビーテイストの品が中心。色別にコーナーが分かれていてコーディネートを考えやすいですし、手頃なお値段で買えるのもうれしいところ。ところで、女性の買い物に付き合うのは退屈だな、と男性の方は思われますか？　ここならメンズ服もあるので、一緒にショッピングを楽しみましょう。プレンツラウアーベルクにもお店があります。

雑貨はすべて色別に分かれているので、自分の好きな色から選べます。

Krossenerstr. 9-10, 10245 Berlin
電話：030-29774366
交通：U5 Samariterstr.
営業日：月〜土 11:00-20:00
定休日：日
カード：Visa、Master (10ユーロ〜)
http://www.victoriametalbert.com/

Friedrichshain B

かつての国境の遺産を眺めながら、散策を楽しんで

このエリアの南端に流れるシュプレー川が東西ドイツ時代の国境で、フリードリヒスハイン側は東ドイツでした。川沿いのミューレン通りにはベルリンの壁にアーティストたちが作品を描いた、イーストサイドギャラリーが続いています。レヴァラー通りとSバーンの線路にはさまれたRAWゲレンデは元鉄道用の敷地で、現在は廃墟に混じってホール、クラブなどがある複合文化施設スペースです。

店内すべて植物性、ビーガン御用達スーパー

Veganz
ヴェガンツ

卵や乳製品も摂るベジタリアンに対して、動物性食品を一切摂らないのがビーガン。店内にはソーセージやハムもあるのに、と思いきや、これらは大豆などでできた純植物性。品揃えが豊富で、例えば牛乳の代わりとしては豆乳、ライスミルク、ココナッツミルクなど何種類もの商品が。ビーガンでない人ももちろん歓迎です。一角には、ベジカフェのグーディーズ (P58) も。

Warschauer Str. 33, 10243 Berlin
電話：030-29009435
交通：U1 S5 S7 S75 Warschauer Str.
営業日：月ー土 10:00-23:00（冬季は1時間早まる）
定休日：日　カード：Visa、Master
http://www.veganz.de/

ビーガンスーパーならではの、圧倒的な品揃え。ほかでは手に入りにくい品もあり、ビーガンでなくても行ってみると面白いです。

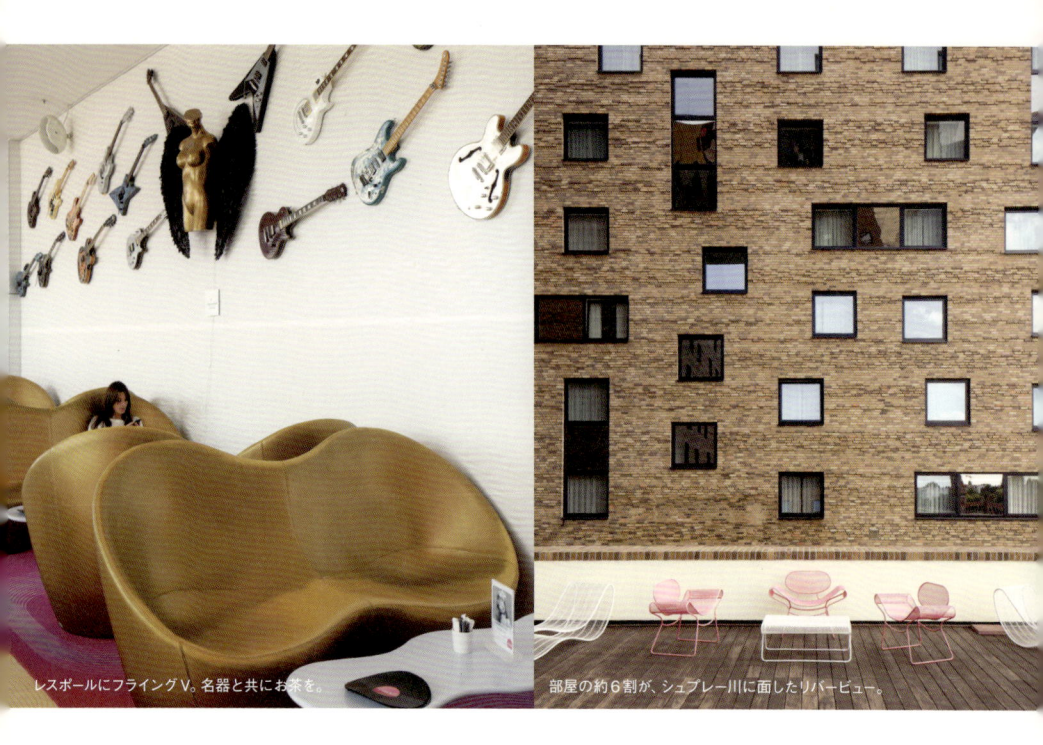

レスポールにフライングV。名器と共にお茶を。　　　　部屋の約6割が、シュプレー川に面したリバービュー。

フライング V をかき鳴らす！ ユニークな音楽ホテル
nhow Berlin
エヌハウ・ベルリン

ベルリンと聞けば、音楽を思い浮かべる人も多いのではないでしょうか。クラシックにクラブミュージックなど、幅広いジャンルの音楽に触れられる街であることに間違いはありません。エヌハウ・ベルリンは、そんな街にふさわしく、音楽がコンセプトのユニークなホテルです。例えば2つあるスタジオ。専門スタッフがいて、ミックスもできる本格的な設備があります。おもしろいのは、24時間対応の機材サービス……ギターとキーボードの（もちろん食事のサービスも）、です。そのほか数々の音楽イベントも開催。ホテルはシュプレー川に面していて、眺めは上々。スパやサウナ、スチームバスも完備されており、音楽を演奏しない人にとっても、ゆっくりできるホテルです。

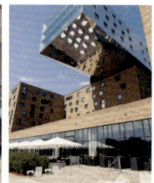

外観もインテリアも、とてもユニーク。近くにはユニバーサルミュージックが。

Stralauer Allee 3, 10245 Berlin
電話：030-2902990
交通：U1 S5 S7 S75 Warschauer Str.
スタンダード 99ユーロ〜、
スーペリア 144ユーロ〜
カード：Visa、Master、Amex、Diners
http://www.nhow-hotels.com/

Friedrichshain

デッドストックの商品がぎっしり。展示コーナーもあり。

東ドイツの歴史のひとかけらを、手の中に
Intershop 2000
インターショップ・ツヴァイタウゼント

インターショップとは、本来は東ドイツ時代にあった小売店のこと。外国人が東ドイツで、外国製品や高級東ドイツ製品を外貨で買う場所で、外貨取得の役割もありました。でも今、ドイツは一つの国。ですからここは、当然当時のインターショップではなく、東ドイツ時代のオリジナル製品を販売・展示する、ミュージアム兼ショップなのです。オーナーのエルケさんは西ドイツ出身ですが、東ドイツ製品に魅せられて収集を始めました。その気持ち、よくわかります。当時の製品には素朴な愛らしさがあり、デザインもシンプルかつ機能的で優れています。東ドイツの人々は自国製品をあまり評価していなかったようですが、私たちの目にはとても新鮮。歴史のひとかけらを持ち帰って。

東ドイツの食堂車で使われていたMitropaブランド食器は、業務用なのでとても丈夫。

Danneckerstr. 8, 10245 Berlin
電話：0177-3210014
交通：U1 S5 S7 S75 Warschauer Str.
営業日：水ー金 14:00-18:00、
土・日 12:00-18:00　定休日：月・火
カード：現金のみ
http://www.intershop2000.com/

\まだある！/
Friedrichshainのおすすめ

A Silo
シロ

こだわりコーヒーと軽食

豆にこだわったコーヒーと、サンドイッチなどの軽食、朝食のカフェ。エスプレッソのほか、シングルオリジンコーヒーもあり。インテリアは、木を多用したミニマルながら温かみのあるスタイル。

住所：Gabriel-Max-Str. 4, 10245 Berlin
電話：030-74078746
営：月-日 8:30-19:00　無休

A Eispiraten
アイスピラーテン

おいしいホームメイドアイス

保存料や人工色素などの添加物不使用の、自家製アイス屋さん。コーンやカップで食べるほか、豪華なパフェもいろいろ。パフェは量が多いので、シェアしても。アイス入りシェイクなどもあり。

住所：Grünbergerstr. 85, 10245 Berlin
営：月-金 14:00-、土・日 12:00-　冬季休業
http://www.eispiraten-berlin.de/

A Goodies
グーディーズ

エコ＆ビオなカフェ

ベジタリアン、ビーガン、ローフード派に特におすすめのカフェ。食材の多くにビオ（オーガニック）を使用。メニューは軽食とスウィーツが中心で、種類も豊富。ベルリン内に5店舗を展開。

住所：Warschauer Str. 69, 10243 Berlin
電話：0151-53763801
営：月-金 7:00-20:00、土・日 9:00-20:00　無休

A Liebe Møbel haben
リーベ・メーベル・ハーベン

ミッドセンチュリー家具と雑貨

北欧や有名デザイナーのミッドセンチュリー家具とランプを扱うお店。ハンス・ウェグナーの椅子やポール・ヘニングセンのランプといった、日本でおなじみのものから、無名ながら美しい家具も多数。

住所：Boxhagener Str. 113, 10245 Berlin
電話：030-64490239　営：火-金 12:00-18:00、土 11:00-17:00　休：日・月

A Stadtengel
シュタットエンゲル

ゆったりとした雑貨ショップ

雑貨、アクセサリー、ぬいぐるみ、服、ステーショナリーなど、女の子の好きなものがつまったお店。広いスペースで、ゆったりと見て回れる。おみやげ探しにもぴったり。

住所：Wühlischstr. 24, 10245 Berlin
電話：030-20003739
営：月-金 11:00-20:00、土 11:00-19:00　休：日

A Olivia Tartes & Schokoladen
オリヴィア　タルテス・ウント・ショコラーデン

世界のチョコレートとケーキ

世界中のブランドからセレクトしたチョコレートと、ケーキの小さなお店。お店の前にテラス席もあり、イートインもできる。壁紙を使ったかわいいインテリアも見てほしい。

住所：Wühlischstr. 30, 10245 Berlin
営：月-土 12:00-19:00、日 13:00-18:00　無休
http://www.olivia-berlin.de/

A Peccato
ペッカート

カジュアルな服＆雑貨

カジュアルな服、バッグ、ストール、アクセサリー、インテリア雑貨などが充実したセレクトショップ。ファストファッションよりも個性的に、でもカジュアルなスタイルが好きな人に。

住所：Wühlischstr. 40/41, 10245 Berlin
電話：030-51643301
営：月-金 11:00-20:00、土 11:00-19:00　休：日

B Michelberger Hotel
ミッヒェルベルガー・ホテル

カジュアルなデザインホテル

内装に凝ったデザインホテル。部屋は2人まで泊まれるダブルベッドの個室、ロフトベッド、4ベッド、ドミトリーの各タイプがある。カフェ・レストランは誰でも利用可能。本が並ぶロビーも必見。

住所：Warschauer Str. 39/40, 10243 Berlin
電話：030-29778590
http://www.michelbergerhotel.com/

異文化が混じりあう活気あふれるエリア

Kreuzberg 1

クロイツベルク 1

クロイツベルクには、中心が2つあります。その1つが、戦前の郵便番号でSO36と区画され、現在でもしばしばそう呼ばれるこの部分。トルコ系移民や元ヒッピーのドイツ人など、異文化が混ざり合う、世界のどこにもない混沌とした雰囲気が魅力。個性的なバー、劇場、ビオショップなど、ベルリンで最も活気に満ちたエリアです。

{ 主な観光スポット }

オーバーバウム橋

ゲーリッツ公園

マリアンネン広場

エンゲルベッケン

ラントヴェーア運河

P75 クロイツベルク 2

Köpenicker Str.
ケーペニッカー通り
シュプレー川との間に、いくつかのクラブがある。トリッペンのアウトレットもこの通りに。

★ エンゲルバッケン
Henne Alt-Berliner Wirtshaus
ヘネ・アルトベルリーナー（ドイツ料理）

Oranienstr.
オラーニエン通り
世界各国のレストランやバーがひしめく、眠らない通り。トルコ系の割合が高く、異国情緒を感じられる。

Mariannenplatz
マリアンネン広場
広場の端に立つBethanienは元病院で、現在はアートスペース。各種展覧会が開かれている。

Motel One Berlin Mitte
モーテルワン ベルリンミッテ（ホテル）

Kuchenkaiser
クーヘンカイザー（カフェ）

Treibgut
トライプグート（ヴィンテージ）

Milch & Zucker
ミルヒ・ウント・ツッカー（カフェ）

Modulor P72
モドゥローア（文具/画材）

Max und Moritz
マックス・ウント・モーリッツ（ドイツ料理）

Südosten
ジュードオステン（レディス）

Kaffee Kirsche P72
カフェ・キルシェ（カフェ）

P72 Stilspiel
シュティールシュピール（家具）

Prinzessinnengarten P72
プリンツェシンネンガルテン（イベントガーデン）

artdoor
アートドア（雑貨）

Habibi
ハビビ（ファラフェル）

Museum der Dinge P67
ムゼーウム・デア・ディンゲ（ミュージアム）

Kraut und Rüben P67
クラウト・ウント・リューベン（オーガニック）

Paglia
（イタリアン）パリア

Voo Store P72
ヴー・ストア（雑貨）

Ella Liebich P64
エラ・リービッヒ（雑貨）

Fräulein Wild
フロイライン・ヴィルト（カフェ）

DIM
デー・イー・エム（雑貨）

Zum Elefanten
ツム・エレファンテン（バー）

Hasir P72
ハジル（トルコ料理）

Samira
サミラ（イタリアン）

Görlitzer Bahnhof

Kottbusser Tor

Bateau Ivre
バトー・イヴレ（カフェバー）

Mirchi
ミルチ（シンガポール料理）

Cassonade
カソナード（クレープ）

Kimchi Princess
キムチプリンセス（韓国料理）

Grüne Papeterie
グリューネ・パペテリー（文具）

Kreuzburger
クロイツバーガー（ハンバーガー）

Chan Asian Market Food
チャンアジアンマーケットフード（アジア料理）

【ちょっと寄り道】P43
Maybachufer
マイバッハウーファー

ラントヴェーア運河

エリア B

Defne
デフネ（バー）

KaffeeBar Jenseits des Kanals
カフェバー・イェンザイツ・デス・カナールス P71（カフェ）

P72 Offstoff
オフシュトフ（生地店）

Rizz リズ（カフェ）

Ron Tlesky
ロン・トレスキー（ピザ）

Süper Store P70
ジューパー・ストア（雑貨）

Cafe Jacques
カフェ・ジャック（カフェ）

Tangs Kantine
タン・カンティーネ（中華料理）

Ristorante Peperoncino
リストランテ・ペペロンチーノ（イタリアン）

Kreuzberg 1

An der Ostbahn

フリードリヒスハイン P46

Köpenicker Straße

🎵 Sage Club
セージクラブ
（クラブ）

Spindler & Klatt
シュピンドラー・ウント・クラット
（クラブ）

シュプレー川
Spree
Mühlenstraße

Der Goldene Hahn
デア・ゴールデネ・ハーン
（イタリアン）

Pücklerstraße

Oberbaumbrücke
オーバーバウム橋
シュプレー川にかかる、かつて東西ベルリンの国境だった橋。映画『ラン・ローラ・ラン』にも登場。

P62 Flux Bau
フルクス・バウ
（食堂）

エリア A

Gallina
Vineria Bar
ガッリーナ・
ヴィネリア・バール
（ワインバー）P69

Eisenbahnstraße

Trippen Factory Outlet
トリッペン・ファクトリー・アウトレット
（シューズ）

Markthalle Neun P66
マルクトハレ・ノイン
（屋内複合マーケット）

Zeughofstraße

Kirk Bar
（バー）キルク・バー

ebert und weber Buchhandlung
エーバート・ウント・ヴェーバー・ブーフハンドルング
（書店）

⭐

Pony Hütchen
ポニー・ヒュートヘン
（レディス古着、雑貨）

Salon Schmück
ザローン・シュミュック
（カフェバー）

Oberbaumstraße

Wendel
ヴェンデル（カフェ）

McDonald's
マクドナルド
（ファストフード）

U1
Schlesisches Tor

Salut
サルート（ベーカリー）

Jolesch
ヨレシュ
（モダンヨーロッパ料理）

Skalitzer Straße
ATM

Motto Berlin
モットー・ベルリン（書店）

Amar
アマール
（インド料理）

WC

John Muir
ジョン・ミューア
（バー）

P68 eliza
（カフェ/雑貨）エリザ

Lübbener Straße

Toros Pizza
トロス・ピッツァ
（イタリアン）

Buddha's Kitchen Berlin
ブッダズ・キッチン・ベルリン
（ベトナム料理）

Schlesische Straße

P72 Gipfeltreffen
ギプフェルトレッフェン
（カフェ）

Sorauer Straße

Oppelner Straße

Cafe am Kamin
カフェ・アム・カミーン
（カフェ）

Lido
（クラブ）リド

ATM

Görlitzer Straße

Nest
ネスト
（カフェ）

Wiener Straße

Himmel und Erde
ヒンメル・ウント・エルデ
（オーガニック）

Falckensteinstraße

Bar Raval
バー・ラヴァル
（バー）

Curvystraße

P65 Die Fabrik
ディー・ファブリーク
（ホテル）

Wrangelstraße

Taborstraße

Ohlauer Straße

Forster Straße

Wowsville
ワオスヴィレ
（バー）

Görlitzer Park
ゲーリッツ公園
⭐ 鉄道駅の跡地を利用した、14ヘクタール広大な公園。園内にカフェや、動物と触れあえる遊び場も。

WC

Restaurant Volt
レストラン・ヴォルト
（ヨーロッパ料理）

N
1:10,000 200m

S
Maybachufer

Glogauer Straße

Ratiborstraße

ATM

P87 ノイケルン

徒歩約7分

61

A Kreuzberg 1

無数の刺激的なスポットがひしめくエリア

コットブッサートアー駅からシュレージッシェス・トアー駅までは、クロイツベルクのハイライト。特にオラーニエン通りとその周辺には、バーやクラブ、レストランがひしめいています。小さな映画館や劇場もあり、文化面も刺激的。合法・非合法のストリートアートも、目を楽しませてくれます。常にオルタナティブな姿勢を崩さないこのエリアは、生きるエネルギーに満ちています。

超穴場！ 桟橋のラジオ局食堂でお手軽ランチ

Flux Bau
フルクス・バウ

ベルリンの東西を流れるシュプレー川。水辺のレストランは雰囲気が最高ですが、その分お値段が張ることも多いもの。その点ここは、桟橋のデッキで船を眺めながら、お手頃価格でランチがいただけるのです。なぜなら、FluxFMというラジオ局の食堂だから。でも社員だけでなく、誰もが普通に利用できます。ランチは日替わりで、ベジタリアン料理を含めて毎日約3種類のラインナップ。まずはカウンターで注文・支払いを済ませ、お皿をもらって料理コーナーへ行き、盛りつけてもらいます。その感覚は、まさに社員食堂。楽しいです。ランチは春から初秋までの限定営業で、冬季はイベント時のみの営業となります。暖かい季節、FluxFMをBGMにベルリナー気分でランチを！

外壁に付いた「Flux Bau」の看板近くの、重い鉄の扉が入り口。わかりにくいので注意。

Pfuelstr. 5, 10997 Berlin
電話：0157-72141680
交通：U1 Schlesisches Tor
営業日：月―金 12:00-15:00、冬季休業
定休日：土・日
予算：ランチ各種 6ユーロ前後、ソフトドリンク 2.20ユーロ～、ビール 2.80ユーロ～
カード：現金のみ
http://www.fluxfm.de/fluxbau/
WLANあり

Kreuzberg 1

A

まるで水上で食べている気分。風を感じながらのランチは最高。

天井と壁紙が愛らしい、夢の空間。

デザイナーが開いた、ロマンティックな雑貨空間
Ella Liebich
エラ・リービッヒ

ショーウィンドウから見えるクロスや食器が気になって、お店の小さな白い扉を開けてみました。すると、かわいいアーチ状の天井と、左右に並んだ雑貨が目に飛び込んできたのです。このお店は、デザイナーのビアンカさんが開いた、夢の世界。デンマークやアイルランドのレーベルから、キッチンツールやバスグッズ、ステーショナリー、アクセサリーなどをセレクトしています。ニュアンスのある色合いは、光が淡い、北の国生まれの美しさなのかもしれません。どれもロマンティックで、ノスタルジックな魅力を放っています。
店名の「エラ」は、ビアンカさんのおばあさんの名前。雑貨を集めていたのだそうです。きっと素敵なものが多かったのでしょうね、ここに並ぶ品のように。

オーナーのビアンカさんが、お店で迎えてくれます。白いお店の外観も印象的。

Mariannenstr. 50, 10997 Berlin
電話：030-64493056
交通：U1 U8 Kottbusser Tor、
U1 Görlitzer Bahnhof
営業日：火・木・金 12:00-19:00、
水 11:00-18:00、土 12:00-18:00
定休日：日・月
カード：Visa、Master
http://www.ellaliebich.de/

Kreuzberg 1

眼下には四方をレンガに囲まれた静かな中庭が。

洗面台付きの部屋。アーチ状の天井が、工場建築の特徴。

元工場のレンガ建築がホテルに
Die Fabrik
ディー・ファブリーク

古い工場建築を見ると、心が躍ります。レンガの重厚な質感とたたずまいが、何ともいえず魅力的なのです。
19世紀後半にドイツ帝国の首都となったベルリンは、経済が急成長し、レンガ造りの工場が各地にできました。産業構造が変わった現代では、工場を所有していた会社はありませんが、建築は残ります。そして新たな用途へと生まれ変わっていくのです。「工場」という名のこのホテルは、以前は電話機製造工場でした。室内は清潔なホテルとして改装されましたが、アーチ状の天井や踊り場にある重厚な扉、茶色いレンガの外観に、工場当時の趣を感じます。宿泊料金を抑えるために、バス・トイレは共同。4ベッドの部屋もあるので、ファミリーでの利用にもぴったりです。

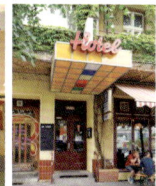

1階にはレセプションとカフェがあります。レセプションの天井もアーチ状です。

Schlesische Str. 18, 10997 Berlin
電話：030-6117116
交通：U1 Schlesisches Tor
料金：シングル 38ユーロ、ダブル 52ユーロ～、トリプル 69ユーロ～、4ベッド 84ユーロ～
カード：現金のみ
http://www.diefabrik.com/
WLANあり

軽食やワインなどを好きなお店で選べます。　　　　　　　　　　　ストリートフード・サースデイは、ベルリンの新名所に。

築120年の屋内市場が、人気の新マーケットに変身！
Markthalle Neun
マルクトハレ・ノイン

今やベルリンの新名所となった、マルクトハレ・ノイン。訪れる日時によって、まったく違う顔を見せるのが魅力です。というのは、常設のカフェやブルワリー、食品店以外に、曜日によってフード屋台や食品市場が加わるから。高い天井が印象的なこのホールは、屋内市場として1891年に開業し、当時は小さな食品店が並んでいました。戦火を免れたこの建物には、戦後は巨大チェーンスーパーが入店し、次第に寂れるように。しかし2011年から所有者が変わり、地元や旬をコンセプトに市場やイベントを始めたところ、たちまち人気となりました。特に木曜夕方からのストリートフード・サースデイは、縁日のような雰囲気で大にぎわい。長いベンチで楽しく食べれば、隣の人とお喋りが始まるかも。

19世紀後半の屋内市場ホールがオリジナルで残るのは、ここを含めベルリンで3ヵ所。

Eisenbahnstr. 42/43, 10997 Berlin
電話：030-61073473
交通　U1 Görlitzer Bahnhof
営業日：市場 火・金 12:00-20:00、土 10:00-18:00、レストラン＆カフェ 月−土 12:00-16:00、ストリートフード・サースデイ 木 17:00-22:00　その他イベントはHP参照　定休日：日　カード：現金のみ
http://www.markthalleneun.de/

Kreuzberg 1

クロイツベルクの暮らしを支える、ビオショップ

Kraut und Rüben 🥫

クラウト・ウント・リューベン

ビオ（オーガニック）好きなドイツ人ですが、クロイツベルクの人々は、特にその傾向が強いとされています。ここは1978年にオープンした老舗ビオショップ。扱うのは野菜や乳製品、パンなどのほかにアルコールや茶葉、コーヒー、コスメまで。なるべく地元のもの、環境への負荷が少ないものを選んでいます。絶えず来客が訪れるこの店は、クロイツベルクの名店だといえます。

Oranienstr. 15, 10999 Berlin
電話：030-6141075
交通：U1 U8 Kottbusser Tor、U1 Görlitzer Bahnhof
営業日：月—金 9:00-19:00、土 9:00-16:00　定休日：日
カード：現金のみ
http://www.kraut-und-rueben-berlin.de/

身の回りをなるべくナチュラルなものに囲まれていたい人に。お店オリジナルのエコバッグもあり。瓶入りジャムやペーストなら、日本にも持ち帰れます。

なんて美しい、ドイツの工業製品デザイン

Museum der Dinge 🎨

ムゼーウム・デア・ディンゲ

直訳すれば、モノ博物館。20～21世紀の工業製品をコレクションしており、家電、家具、食器などの日用品デザインが好きな人にはたまりません。機能的でミニマルな展示品の一方で、パステルカラーの愛らしい品もあり、ドイツデザインの幅広い魅力を感じます。現代システムキッチンの元祖といえる、大規模集合住宅用に設計されたフランクフルト・キッチンの展示室もお見逃しなく。

Oranienstr. 25, 10999 Berlin
電話：030-92106311
交通：U1 U8 Kottbusser Tor
営業日：木—月 12:00-19:00　定休日：火・水
入場料：5ユーロ　カード：Visa, Master（20ユーロ～）
http://www.museumderdinge.de/

ドイツの工業製品デザインは優れていると、納得できる展示内容。今見ても古さを感じません。戦後時代の展示は、西ドイツと東ドイツに分かれています。

雑貨は日本人の感性にぴったりはまる、見事なセレクト。　　　　　乙女ながら甘すぎない室内。さすがインテリアデコレーターの仕事。

ベルリンに「かわいい」の価値観を生み出した雑貨カフェ

eliza
エリザ

2013年にエリザができたとき、とても感慨深かったことを覚えています。それまでベルリンには、どちらかというとかっこいい店が多く、乙女系はほぼ皆無。エリザができたことで、「かわいい」という感覚がベルリンでも市民権を得たように感じたのです。店内はカフェと雑貨の2つの部屋があり、雑貨だけ見てももちろんOK。蚤の市で見つけたヴィンテージ品と新品がうまくミックスされていて、ベルリンらしいと思います。オーナーのアンネさんはインテリアデコレーター出身で、ケーキ作りから雑貨セレクト、そして当然、お店のインテリアも担当しています。そのセンスは、雑貨のプライスカードや、カフェに置かれた小物類にも発揮されているので、ぜひ隅々まで鑑賞していって。

思わず写真に撮りたくなるようなディスプレイ。
アンネさん自身も店頭に立ちます。

Sorauer Str. 6, 10997 Berlin
電話：030-91909555
交通：U1 Schlesisches Tor
営業日：火～金 9:00-18:30、
土・日 10:00-18:30　定休日：月
予算：ケーキ 3ユーロ前後、カフェラテ
2.60ユーロ　カード：現金のみ
http://www.elizaberlin.de/
WLANあり

Kreuzberg 1

壁一面にイタリアワインがずらり。好みを伝えれば、選んでくれる。

稀少なイタリアワインとヘルシーなアンティパスト
Gallina Vineria Bar
ガッリーナ・ヴィネリア・バール

料理よりもワインをメインにしたい気分の夜には、イタリアワインとアンティパスト専門のこのバーへ。イタリア人オーナーが独自ルートで母国の小規模農家から取り寄せた、大きな市場には出回らない、とっておきのワインが主役です。その多くはビオ（オーガニック）。「ワインを楽しむために、フードは冷菜のみ。温かい料理は出さないんです」と、こだわっています。アンティパストは、チーズや旬の野菜、ハムなどの盛り合わせのほか、チーズプレートや日替わりも。ショーケースに並ぶ、下ごしらえの済んだ食材は、どれもおいしそうで、口にすれば期待通りの絶品。もしも温かい料理を食べたくなったら、お隣にある同じ系列のイタリアンレストラン、「Der Goldene Hahn」が待っています。

アンティパストの盛り合わせは 各サイズあり。
イタリアンなおいしさが味わえます。

Pücklerstr. 20, 10997 Berlin
電話：030-41766550
交通：U1 Görlitzer Bahnhof
営業日：18:00-1:00　定休日：無休
予算：アンティパスト盛り合わせ 8ユーロ〜、チーズプレート 7ユーロ〜、日替わりアンティパスト 各種8〜15ユーロ程度
カード：現金のみ
http://bargallina.de/

B Kreuzberg 1

日常の暮らしが見える場所をのんびり散策して

東西を流れる運河の南側は、北側の喧噪から離れた、落ち着いた雰囲気の、ファミリーの多いエリアです。カフェやパン屋さん、アイス屋さんなど、年代を問わずに誰でも入れるお店が多く、値段も良心的。どこも流行に左右されるのではなく、自分のポリシーを明確に持っている様子がうかがえて、クロイツベルクらしさを感じます。天気がいい日は、運河沿いの散策がおすすめです。

上質で美しい品を、世界中からセレクト

Süper Store

ジューパー・ストア

世界各国から、丁寧に作られた上質な品をセレクトしているショップです。家具、インテリア雑貨、アクセサリーやバスグッズなど多岐にわたる品揃えで、どれもセンスがいいものばかり。毎日の生活に加わったら、それだけでうれしくなるような気がします。ベルリンで作られたウォッカもあるので、ちょっと特別なおみやげを探している人も訪れてみてほしいお店です。

Dieffenbachstr. 12, 10967 Berlin
電話：030-98327944
交通：U8 Schönleinstr.
営業日：火〜金 11:00-19:00、土 11:00-16:00
定休日：日・月　カード：Visa、Master
http://www.sueper-store.de/

家具や雑貨がある手前の部屋と、アクセサリーなどが置かれた奥の部屋。それぞれ異なるインテリアも素敵です。

Kreuzberg 1

カウンターにある焼き菓子やフードは、指さし注文で大丈夫。

ひな壇状の席があり、ゆったりくつろげる奥の部屋。

ひな壇席でくつろぎながら、おいしいコーヒーを
KaffeeBar Jenseits des Kanals
カフェバー・イェンザイツ・デス・カナールス

よいカフェの定義は、人によってさまざまだと思いますが、私にとってはコーヒーがおいしいことと、スイーツや軽食があること、そしてくつろげること。このカフェは、その3点をちゃんと押さえています。ベルリン市内にある焙煎所「アンドレシュコ」の豆を使ったコーヒーは、マイルドでスムーズ。ケーキは日替わりで、行くたびに選ぶ楽しさがあります。そして何より、落ち着ける雰囲気とインテリアがいいのです。一人でパソコンに向かっているお客さんが多く、かといって静まりかえっているわけでもない、ほどよい空間。ここで1杯のコーヒーを飲むと、満ち足りた気分になれます。奥のひな壇状の席では、混んでいなければ脚を伸ばしたりして、ゆっくりくつろいで。

バラバラな椅子がかわいい手前の部屋。カウンターの板は工事現場の足場を磨いたもの。

Graefestr. 8, 10967 Berlin
交通：U8 Schönleinstr.
営業日：月-金 8:00-19:00、土・日 9:30-19:00　定休日：無休
予算：カプチーノ 2.20ユーロ、アイスラテ 3.40ユーロ、パニーニ 3.80ユーロ、朝食 2.80ユーロ、ランチ 4.80ユーロ
カード：現金のみ
http://www.kaffeebar-berlin.com/
WLANあり（平日のみ）

\ まだある！ /
Kreuzberg1のおすすめ

A ☕ **Kaffee Kirsche**
カフェー・キルシェ

穴場の自家焙煎カフェ
にぎやかなクロイツベルクにありながら、静かで落ち着ける穴場カフェ。コーヒーは自家焙煎で、シングルオリジンコーヒーもあり。そのほか、キッシュなどの軽食とケーキなど。

住所：Adalbertstr. 23, 10997 Berlin
電話：030-61627332
営：月ー金 8:00-19:00、土・日 10:00-18:00　無休

A 🎨 **Prinzessinnengarten**
プリンツェシネンガルテン

都会の空き地に生まれた庭
有志の人によって、空き地だった場所がガーデンに変身。ガーデン内のカフェでは、ここで栽培されたハーブや野菜を使ったメニューが食べられる。無濾過のビールも。もちろん野菜も販売している。

住所：Prinzenstr. 35- 38, 10969 Berlin
電話：0176-24332297
営：月ー日 12:00-22:00（ガーデンカフェ）休：11-3月

A ☕ **Gipfeltreffen**
ギプフェルトレッフェン

公園沿いの居心地のいいカフェ
朝食、ランチ、夕食といつ行っても食事ができて、お茶だけでもOKの、便利なカフェ。料理はドイツを中心にしたインターナショナル。ユーズド家具によるインテリアも、とても居心地がよい。

住所：Görlitzer Str. 68, 10997 Berlin
電話：030-68077011
営：月 9:00-0:00、土・日 10:00-0:00　無休

A 🛋 **Stilspiel**
シュティールシュピール

20世紀のヴィンテージ家具
20世紀に生まれたヴィンテージ家具を扱うお店。北欧に特化したお店が多い中で、ここはヨーロッパ各国の製品とアメリカのデザイナーズ家具を扱っている。小物もあり。

住所：Manteuffelstr. 95, 10997 Berlin
電話：030-60402858　営：火ー金 14:00-19:00、土 14:00-17:00　休：日・月

A 🛍 **Voo Store**
ヴー・ストア

ヒップなコンセプトショップ
レディース、メンズ、アクセサリー、雑貨、コーヒーショップが一つになったコンセプトショップ。通りから奥に入った、中庭に面した建物にあるので、番地に注意して探して。

住所：Oranienstr. 24, 10999 Berlin
電話：030-61651119
営：月ー土 11:00-20:00　休：日

A 🍴 **Hasir**
ハジル

24時間営業の老舗トルコレストラン
クロイツベルクといえばトルコ料理。トルコ料理といえば、創業1984年のハジル。営業時間が長いので、本格的なトルコの味をいつでも楽しめる。建物を1つ挟んだお隣にも支店がある。

住所：Adalbertstr. 10, 10999 Berlin
電話：030-6142373
営：10:00-4:00　無休

A 🛍 **Modulor**
モドゥローア

画材・文具ならお任せの大型店
約3000㎡の売り場面積を誇る、超大型専門店。画材・製図関係道具などがなんでもそろうほか、普通の文具、ラッピンググッズ、書籍なども充実していて、見るだけでも楽しい。

住所：Prinzenstr. 85, 10969 Berlin
電話：030-690260
営：月ー金 9:00-20:00、土 10:00-18:00　休：日

B 🛍 **Offstoff**
オフシュトッフ

ドイツと世界の生地がそろう
ドイツの有名メーカーWestfalenstoffeをはじめ、各国の生地がそろうショップ。チロリアンテープやボタンなどのグッズのほか、クッションなどの小物もあり。手作りが好きな人に。

住所：Grimmstr. 20, 10967 Berlin
電話：030-62908148　営：火ー金 11:00-18:30、月・土 11:00-16:00　休：日

酒脱なマルチカルチャーエリア

Kreuzberg 2

クロイツベルク 2

クロイツベルク1よりも、どこか上品な雰囲気が漂うのがこのエリア。しかし環境にこだわったり、多国籍文化を感じるところは、やはりクロイツベルクです。他のエリアに比べて、比較的小規模な範囲にまとまっているので、数時間あれば端から端までゆっくりと歩いてまわれます。さっと訪れるのなら、ベルクマン通りを歩きましょう。

{ 主な観光スポット }

シャミッソー広場
テンペルホフ公園（旧テンペルホフ空港）
ヴィクトリア公園（クロイツベルク記念碑）
共同墓地
ラントヴェーア運河

Gleisdreieck
U1 U2

U1 U7
Möckernbr.

Obentrautstraße

Wartenburgstraße

【ちょっと寄り道】P111
Mustafas Gemüse Kebap
ムスタファズ・ゲミューゼ・ケバブ

P131 シェーネベルク

Riehmers Hofgarten
リーマース・ホーフガルテン
1891〜92年に建てられた、美しいアルトバウ（戦前建築）と中庭の一帯。一角にはYork映画館も。

【ちょっと寄り道】P111
Curry 36
カリー・ゼクス・ウント・ドライスィヒ

Kreuzberger Himmel
クロイツベルガー・ヒンメル
（ドイツ料理）

Yorckstr.
U7
Yorckstraße

Mockernstraße

S

Sarotti-Höfe
ザロッティ・ヘーフェ
（カフェ）

Mutti
ムッティ
（ビストロ）

Vanille&Marille
ヴァニレ・ウント・マリレ
（アイス）

Yorckstr.
S2

Hagerbergerstraße

Rubens Coffee Lounge
ルーベンス・コーヒー・ラウンジ
（カフェ）

Angus
アンガス
（ステーキハウス）

エリア A
ATM

Kreuzbergstraße

P84 ø
（ドイツ料理）エー

Viktoriapark
ヴィクトリア公園
標高66mの小高い丘にある公園。頂上にはナポレオンからの解放戦争の記念碑が立つ。

Bergmann
ベルクマン
（レディス）

Monumentenstraße

Katzbachstraße

Bergmannstr.
ベルクマン通り
このエリア随一の飲食店ストリート。アジア系レストランやカフェが充実。

Eylauer Straße

Einstein Kaffee
アインシュタイン・カフェ
（カフェ）

1:10,000
200m

Dudenstraße
ATM

Kang Feng
カン・フェン
（中国料理）

Mussehistraße

徒歩約7分

74

Kreuzberg 2

クロイツベルク 1 P60

Hallesches Tor U1

Prinzenstr. U1

★ Landwehrkanal
ラントヴェーア運河

★ 共同墓地

ehringdamm U7

- 🍴 Chandra Kumari
  チャンドラ・クマリ
  (インド料理)
- 🍴 Knopf, Paul
  クノップフ・パウル
  (ボタン) P78
- 🍴 Good Morning Vietnam
  グッド・モーニング・ベトナム
  (ベトナム料理) P84
- 🛍 Belladonna Naturkosmetik P84
  ベラドンナ・ナチュアコスメティーク
  (コスメ)
- 🍴 Docura P84
  ドクラ (菓子)
- 🍴 Beumer & Lutum P84
  ボイマー・ウント・ルートゥム (パン)
- 🛍 ARARAT P81
  アララト (文具)
- 🍴 Cuccuma
  クックーマ (カフェ)
- Il nuovo Primo
  イル・ヌーヴォ・プリモ
  (イタリアン)
- 🍴 Soluna Brot und Öl P84
  ソルーナ・ブロート・ウント・エール (パン)
- 🛍 Heimat Berlin
  ハイマット・ベルリン
  (レディス/雑貨)
- 🍴 Chapter One P80
  チャプター・ワン (カフェ)
- 🛍 Grober Unfug
  グローバー・ウンフーク (コミックショップ)
- P84 Knofi
  クノフィ (カフェ)
- 🛍 bagAge
  バッグエイジ (バッグ)
- 🛍 Marheineke Markthalle P76
  マルハイネケ・マルクトハレ (複合マーケット)
- Krumulus
  (絵本・ギャラリー) クルムルス
- Südstern U7
- Seerose
  ゼーローゼ (ベジタリアン料理)
- 🍴 Brezel Bar P79
  プレッツェル・バー (プレッツェル)
- Arndtstr.
  アルント通り
  1900年前後に造られたアルトバウ (戦前建築) が印象的な通り。アルトバウは各所にあるが、ここは見事。
- 🌸 flores y amores
  フローレス・イ・アモーレス (フラワーショップ)
- 🍴 Cafe Strauss P84
  カフェ・シュトラウス (カフェ)
- 🛍 Koko Schultz & Freunde P81
  ココ・シュルツ・ウント・フロインデ (雑貨)

P86 ノイケルン

【ちょっと寄り道】 P43
Chamissoplatz
シャミッソー広場

★ 共同墓地

Chamissoplatz
シャミッソー広場
毎週土曜日は、有機農家が新鮮な野菜や果物を売るエコマーケットが立つ。

★ テンペルホフ公園

A Kreuzberg 2

親しみやすい飲食店街と、100年前の美しい建築

クロイツベルク1よりも、落ち着いているのがこちら。中心はベルクマン通りの、メーリングダムとツォッセナー通りにはさまれた部分。飲食店通りといってもいいほど、カフェやレストランがいっぱいで、どこもお手頃。さらに、ここから1本南側のアルント通りは、石畳に古いアルトバウ（築100年程度のアパート）がピシッと並び、とても美しいので、ひと目見ていってください。

ベルリン版デパ地下!? 日常がぎゅっと詰まった屋内市場
Marheineke Markthalle
マルハイネケ・マルクトハレ

マルクトハレ・ノイン（P66）同様、ここも屋内型市場として19世紀後半にできたのですが、第二次世界大戦で打撃を受けてしまいました。今ある姿は50年代に建てられたものです。屋内には、中央の通路をはさんで、野菜、肉、パン、乳製品、花などのお店があり、ビオや地元の品が中心。ベルリンでは数少ない、魚屋さんもあります。それだけでなく、本に文房具、洋服のお直しなどもあり、まさに日常生活に密着した顔ぶれです。ベルクマン通り側の通路には、セルフサービスのカフェ、レストランがずらり。各店で好きな料理を出してもらったら、窓際のカウンターかテラス席へ。一人のご飯もここなら気楽です。食品を買って、食べて、なんだか日本のデパ地下のようですね。

19世紀の屋内市場ホールを模した、新しい建物。内部も明るくて見やすい。

Marheinekeplatz/Bergmannstr. 10961 Berlin
電話：030-61286146
交通：U7 Gneisenaustr.
営業日：月〜金 8:00-20:00、土 8:00-18:00　定休日：日
カード：各店舗による
http://meine-markthalle.de/

Kreuzberg 2

新鮮な野菜と果物。日本では見たことのない種類もたくさん。

スペイン料理(手前)にドイツ料理。各国の料理をお好みで。

「なんでもボタンに」。数千種類はあるというボタンに囲まれて。

一見の価値ある、オリジナルボタン・パラダイス！
Knopf, Paul
クノップフ・パウル

もう圧巻というしかありません。床から天井まで、店内すべてがボタン、ボタン、ボタン。オーナーのパウルさんは10代の頃から修業を始めて、今日までボタン作り一筋。お客さんの要望に合わせてオーダーメイドで作るほか、オリジナルボタンを生み出し続けています。金属やプラスチック、貝殻素材は当たり前。果物の種やタイプライターのキーなど、思いもよらないものからボタンを作るのがこの店なのです。「どんな素材もボタンになるよ」とパウルさん。古い紙や写真だって、彼の手にかかればボタンになってしまいます。服を持参すれば、似合うボタンをどこからか取り出してきてアドバイスしてくれます。来店記念に、着ている服のボタンを取り替えてみるのはいかが。

洋服持参で訪れるお客さんもしばしば。ぴったりのボタンが見つかります。

Zossener Str. 10, 10961 Berlin
電話：030-6921212
交通：U7 Gneisenaustr.
営業日：火・金 9:00-18:00、
水・木 14:00-18:00　定休日：土・日
カード：現金のみ
http://www.paulknopf.de/

Kreuzberg 2

店内奥のソファ席は特等席。メニューを見て悩み中の2人。

ダブルチョコレートがけのブレッツェル。コーヒーはビオ。

甘口、辛口、ここだけで味わえる多彩なブレッツェル
Brezel Bar
ブレーツェル・バー

ドイツの典型的なパンの一つといえば、「め」の字に似たブレッツェル。日本ではいろいろなフレーバーがあるようですが、ドイツでは粗塩を振ってあるタイプが普通で、お菓子のように甘いものは見当たりません。ですが、この店はブレッツェルカフェ。チーズがけやシナモン、チョコレートがけなど、種類や大きさにバリエーションがあり、ここだけの味を楽しめます。そのほか、朝食プレートやスウィーツ、ビールまであり、意外に守備範囲が広いカフェなのです。うれしいのは、無料Wi-Fi完備で各席にコンセントがあること。ノートパソコン持参で、オフィスのように使っているお客さんの姿も目にします。店内でゆっくりお茶する時間がないという方は、テイクアウトでどうぞ。

入り口脇にブレッツェルが並ぶショーケースが。テイクアウトなら紙袋にいれてどうぞ。

Friesenstr. 2, 10965 Berlin
電話：030-25047047
交通：U7 Gneisenaustr.
営業日：月ー土 7:00-20:00、日 9:00-20:00　定休日：無休
予算：ブレッツェル 0.6ユーロ〜（テイクアウト）、朝食プレート各種 5.80ユーロ、サラダ 5ユーロ、カプチーノ 2.20ユーロ
カード：現金のみ
http://www.brezelbar.de/

ミニマルでも木の温もりを感じる店内で、極上の1杯を。　　ブリューコーヒー選手権で審査員も務めたノラさん。

ドリップにエスプレッソ、何を飲んでも満足の1杯

Chapter One
チャプター・ワン

2011年のオープン当初から、高品質の豆を1杯ずつ淹れる「ブリューコーヒー」にこだわってきた、小さなコーヒーショップ。ハンドドリップやエアロプレスのほかに、ベルリンでは珍しいサイフォンコーヒーもいただけます。もちろん、カプチーノやラテなど、おなじみのエスプレッソアレンジも。オーナーの一人、ノラさんは以前ラテアート選手権で準優勝した腕前の持ち主で、カップごとに凝った模様を施してくれます。平日の午前中は、サッと飲めるエスプレッソアレンジ、午後や週末は、ゆっくりと時間をかけて楽しめるブリューコーヒーの注文が多いとか。元プロダクトデザイナーのノラさんが、共同オーナーと手がけた、ミニマルで温かいインテリアも、大人っぽくて素敵です。

店内はカウンター席が中心。コーヒーを味わったらさっと去るコーヒーショップです。

Mittenwalder Str. 30, 10961 Berlin
電話：030-25922799
交通：U7 Gneisenaustr.
営業日：火-土 9:00-18:00、
日 11:00-18:00　定休日：月
予算：エスプレッソ 1.90ユーロ、カプチーノ 2.40ユーロ、ブリューコーヒー 3.10ユーロ　カード：現金のみ
http://www.chapter-one-coffee.com/

Kreuzberg 2

ベルリンのアップサイクリング雑貨や服が大集合
Koko Schultz & Freunde
ココ・シュルツ・ウント・フロインデ

エコでおしゃれな、5つのベルリンレーベルが集まったお店。「rafinesse & tristesse」(ラフィネッセ・ウント・トリステッセ)は家具とインテリア雑貨、「Mymako」(ミャーマーコ)はレディース服、「Richtigrum」(リヒティグルム)は子ども服と雑貨、「Wennn...」(ヴェン)は食器、「Janniredesign」(ジャリーニデザイン)は食器と家具。それぞれヴィンテージ品に手を加えた、ベルリンデザイナーによるレーベルです。商品はすべてハンドメイド。デザイナーたちが、自ら販売しています。

Friesenstr. 18, 10965 Berlin
電話：0176-23157958　交通：U7 Gneisenaustr.
営業日：火～金 11:00-18:00、土 11:00-16:00　定休日：日・月
カード：Visa、Master
https://www.facebook.com/pages/Koko-Schultz-Freunde/186070588237806

商品のキーワードは、アップサイクリング＆ベルリン。商品を作っているデザイナーさんと、直接話せるのもうれしい。

楽しい文具やパーティーグッズが超充実
ARARAT
アララト

文具やパーティーグッズが充実していて、見ているだけで楽しくなる、バラエティショップ。日本には少ない、ドイツ語メッセージ入りのグッズは、ここに来れば見つかります。ポストカードも豊富なので、お気に入りの1枚を選んで、家族や友だちに送ってみては。そのほかファイロファックスやモレスキンなど、おなじみブランドも。アートと額縁を扱う支店はBergmannstr. 9にあります。

Bergmannstr. 99a, 10961 Berlin
電話：030-6935080
交通：U7 Gneisenaustr.
営業日：月～土 10:00-20:00　定休日：日
カード：Visa、Master (20ユーロ～)
http://ararat-berlin.de/

色の組み合わせ自由な紙製ボックスや、ドイツ語メッセージ入りチケットなど、紙もの好きにはたまらない品が見つかります。

column
レストランに行く前に

食事は、旅の最も大きな楽しみの一つ。レストランでの基本をちょっと知っておくだけで、食事もより一層おいしくいただけるものです。

高級レストランに行くときは、できるだけ席の予約を入れましょう。お店に直接電話をかける・事前に直接行くのが最も確実ですが、ホームページ上から予約できる場合もあります。もし予約なしでトライするなら、オープン時間と同時に行ってみてください。ランチタイムがあれば、お昼も狙い目です。カジュアルなレストランやカフェは、必ずしも予約は必要ありません。

予約をしている場合は席に案内してくれますが、予約がなく、カジュアルなところでは、空いている席に座ってかまいません。特にカフェでは、スタッフがお客さんを席に案内する習慣はないので、好きな場所に座りましょう。また食事は、必ずしもフルコースで頼む必要はありません。メイン1品に飲み物でも大丈夫です。特にドイツ料理レストランは量が多いので、頼みすぎに注意してください。

ところで、食事や買い物のたびに思うことがあります。それは、接客について。私は、日本のような丁寧で至れり尽くせりの接客は、外国ではまず存在しないと思っています。特にベルリンの接客は、サービス精神が薄いドイツの中でも、ひときわ不評でした。ですから、もし接客が素っ気ないように感じても、それはツーリストだから軽く扱われているのではなく、お国柄の違いと考えてもらった方がいいと思います。

ただし、最近はベルリンの接客も急速に向上しています。多くはフレンドリーサービスを心がけていますし、どんなお客さんもウェルカムです。むしろベルリンでは、お客とお店の人が上下関係でなく、人と人として会話をするので、表面的な丁寧さではなく、人間味があふれているように感じます。そういう接客もまた、とても魅力的だと思います。そしてそこから、サービスって何だろう、人とのふれあいって何だろう、と考えが広がっていくのではないでしょうか。

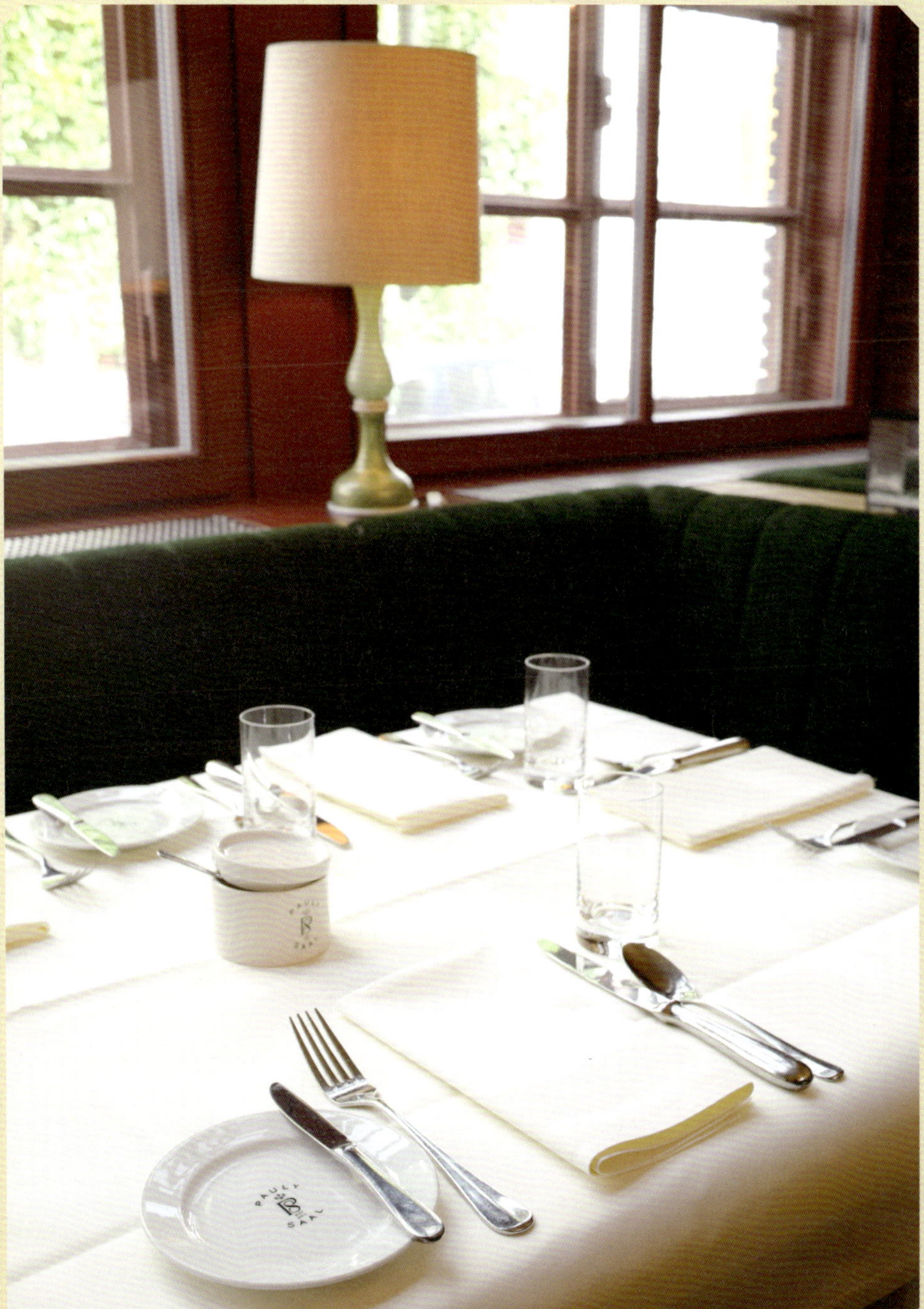
PAULY SAAL

\まだある!/
Kreuzberg2のおすすめ

Knofi
クノフィ

メニュー充実、重宝なカフェ
ケーキや軽食が充実している気軽なカフェ。営業時間が長く、バザーのような、にぎやかな店内の雰囲気も魅力。同じ通りの98番地にはデリもあり、こちらも選りすぐりの食品が並んでいる。

住所：Bergmannstr. 11, 10961 Berlin
電話：030-69564359
営：月～日 7:00-24:00　無休

Ø
エー

ミックスインテリア空間で食事を
取り壊されたベルリンの建築物から集めてきた、古い家具や照明で構成したミックスインテリアが印象的なレストラン。料理はドイツを中心としたインターナショナル。お茶だけでも大丈夫。

住所：Mehringdamm 80, 10965 Berlin
電話：030-77326213　営：月～金 11:30-1:00、
土 9:00-1:00、日 9:00-0:00　無休

Belladonna Naturkosmetik
ベラドンナ・ナトゥアコスメティーク

ナチュラルコスメ愛用者に
Dr. Hauschka、WELEDAなどのナチュラルコスメブランドが勢揃い。スキンケア以外に、ボディケアやヘアケア商品、男性用も揃う。日本よりも割安に手に入るのがうれしい。

住所：Bergmannstr. 101, 10961 Berlin
電話：030-6904-0333
営：月～金 10:00-19:00、土 10:00-18:00　休：日

Soluna Brot und Öl
ソルーナ・ブロート・ウント・エール

薪窯で焼く自家製パン
売り場の奥にある工房で、オーナーが作っているパン屋さん。薪窯で焼くのが最大の特徴。北ドイツの典型的なライ麦入りパン以外にも多くの種類がある。パンに合う食品も販売。

住所：Gneisenaustr. 58, 10961 Berlin
電話：030-61671191　営：月～金 10:00-19:00、
土 8:00-16:00、日 10:00-16:00　無休

Beumer & Lutum
ボイマー・ウント・ルートゥム

日曜も開いているビオのパン屋さん
ベルリンでおなじみの、クロイツベルクで生まれたビオ（オーガニック）のパン屋さん。北ドイツらしいパンと菓子パン、お菓子が買える。日曜もオープン。広いカフェスペースがある他店舗も。

住所：Zossener Str. 34, 10961 Berlin
電話：030-61209472　営：月～金 7:00-19:00、
土 7:00-15:00、日 9:00-16:00　無休

Docura
ドクラ

世界のお菓子が一堂に
チョコレート、クッキーなど、世界中からセレクトしたお菓子を販売。甘いものが好きな人には見逃せないお店。特にチョコレートの品揃えが豊富。パッケージが面白い商品は、おみやげにもぴったり。

住所：Zossener Str. 20, 10961 Berlin
電話：030-81797399
営：月～金 10:00-19:00、土 11:00-16:00　休：日

Cafe Strauss
カフェ・シュトラウス

墓地の一角で自家焙煎コーヒーを
墓地の一角に立つ、レンガ造りの建物にあるカフェ。ドイツの墓地は緑あふれる静かな場所で、日本とは雰囲気が異なるのでご心配なく。自家焙煎の薫り高いコーヒーと、自家製ケーキ、アルコールも。

住所：Bergmannstr. 42, 10961 Berlin
電話：030-69564453
営：火～土 9:00-18:00、日 10:00-18:00　休：月

Good Morning Vietnam
グッド・モーニング・ベトナム

中庭の隠れ家ベトナム料理
ベルクマン通りに面した建物の入り口から中庭へ入ると、そこは静かなベトナム料理レストラン。新鮮な野菜たっぷりでマイルドな味つけは、日本人の口にも合う。おすすめは各種フォーや生春巻き。

住所：Bergmannstr. 102, 10961 Berlin
電話：030-62901377
営：月～日 12:00-0:00　無休

トルコ系住民から、ヒップスターのエリアへと変身

Neukölln

ノイケルン

ノイケルンはこの数年で、劇的に変化を遂げているエリアです。以前はトルコ系住民街の印象がありましたが、家賃の安さから、ベルリンに魅せられた世界中のアーティストが移住してきて以来、ヒップなカフェやバーが続々誕生。英語を始めとする外国語が飛び交い、ヒップスターが闊歩するエリアへと様変わりしました。

{ 主な観光スポット }

ラントヴェーア運河
テンペルホフ公園（旧テンペルホフ空港）
ハーゼンハイデ市民公園
ノイケルン・オペラ

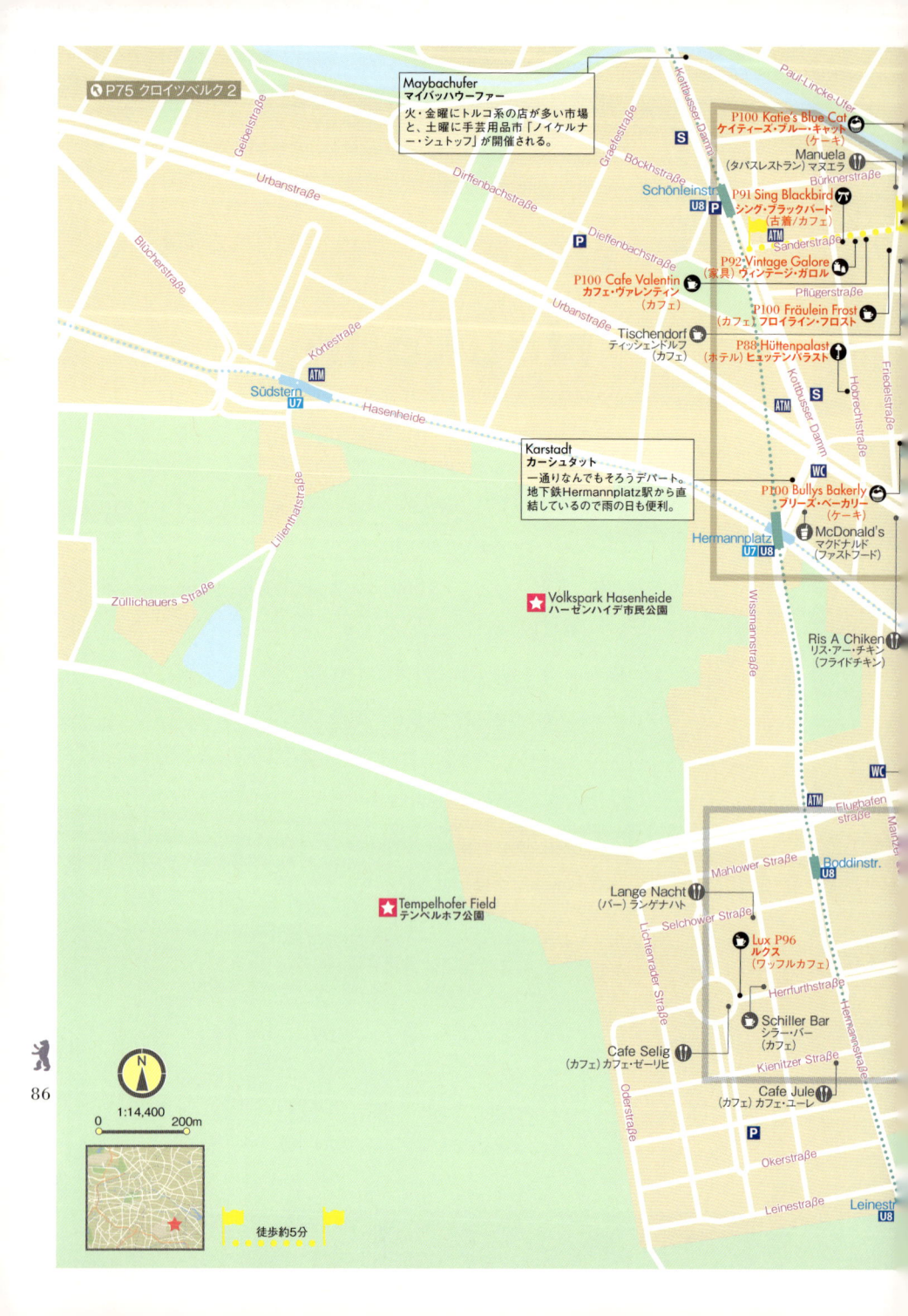

P75 クロイツベルク 2

Maybachufer
マイバッハウーファー
火・金曜にトルコ系の店が多い市場と、土曜に手芸用品市「ノイケルナー・シュトッフ」が開催される。

P100 Katie's Blue Cat
ケイティーズ・ブルー・キャット
(ケーキ)

Manuela
(タパスレストラン) マヌエラ

P91 Sing Blackbird
シング・ブラックバード
(古着/カフェ)

Schönleinstr. U8

P100 Cafe Valentin
カフェ・ヴァレンティン
(カフェ)

P92 Vintage Galore
ヴィンテージ・ガロル
(家具)

P100 Fräulein Frost
(カフェ) フロイライン・フロスト

Tischendorf
ティッシェンドルフ
(カフェ)

P88 Hüttenpalast
(ホテル) ヒュッテンパラスト

Südstern U7

Karstadt
カーシュタット
一通りなんでもそろうデパート。
地下鉄Hermannplatz駅から直結しているので雨の日も便利。

P100 Bullys Bakerly
ブリーズ・ベーカリー
(ケーキ)

Hermannplatz U7 U8

McDonald's
マクドナルド
(ファストフード)

★ Volkspark Hasenheide
ハーゼンハイデ市民公園

Ris A Chiken
リス・アー・チキン
(フライドチキン)

★ Tempelhofer Field
テンペルホフ公園

Boddinstr. U8

Lange Nacht
(バー) ランゲナハト

Lux P96
ルクス
(ワッフルカフェ)

Schiller Bar
シラー・バー
(カフェ)

Cafe Selig
(カフェ) カフェ・ゼーリヒ

Cafe Jule
(カフェ) カフェ・ユーレ

Leinestr. U8

1:14,400 200m

徒歩約5分

Neukölln

P60〜P61 クロイツベルク 1

【ちょっと寄り道】P127
Nowkoelln Flowmarkt
ナウケルン・フローマルクト

ラントヴェーア運河

The Good Store P100
ザ・グッド・ストア（古着）

Goldberg
ゴールドベルク
（カフェ＆バー）

Martins Place P93
マーティンズ・プレイス（ケーキ）

Sauvage Paleothek
ソヴァージュ・パレオテーク
P90（古代料理）

Rudimarie
（カフェ）ルディマリー

Restaurant La Musica
レストラン・ラ・ムジカ（レストラン）

Vin Aqua Vin
ヴィン・アクア・ヴィン（ワイン）

Croissanterie P100
クロワッサンテリー（カフェ）

Bass Cadet Record Store
ベース・カデット・レコード・ストア
（レコードショップ）

Two and Two
トゥ・アンド・トゥ
（カフェ）P93

エリア A

Mehlwurm
メールヴルム（ベーカリー）

Melbourne Canteen
メルボルン・カンティーン
（レストラン）

Neukölln Arcaden
ノイケルン・アルカーデン
服、雑貨、食品などが集まったショッピングセンター。屋上のガーデン＆カフェもおもしろい。

Karl-Marx-Straße
カール・マルクス通り
カジュアルブランド服のチェーン店、トルコ、アラブ系のお店などが多い、にぎやかな大通り。

McDonald's
マクドナルド
（ファストフード）

Lux-Optik
ルクス・オプティーク（メガネ）

Rathaus Neukölln

エリア B

Twinpigs P100
ツインピッグス
（カクテルバー）

H&M
エイチアンドエム
（メンズ/レディス）

Pele-Mele
（カフェ）ペール・メール

H&M
エイチアンドエム
（メンズ＆レディス）

Prachtwerk
プラハトヴェルク
（カフェ）P100

P97 **Rag And Bone Man**
ラグ・アンド・ボーン・マン
（古着）

Neuköllner Oper
ノイケルンオペラ

Richardplatz
リヒャルト広場
教会や、昔ながらの鍛冶屋さん、馬車貸し業などの小さな家が並ぶ、小さな村だった時代の雰囲気を保つ一角。

P95 **Eismanufaktur**
（アイス）アイスマヌファクトゥーア

Cafebar Mal so Mal so
カフェ・バー・マール・ゾー・マール・ゾー
（カフェ）

Shaan Ind
シャーン・インド（インド料理）

Vux P94
フクス（カフェ）

A Neukölln

ミックスカルチャーが魅力的な、ノイケルンエリアの最先端

ノイケルン北部に位置し、北はクロイツベルク地区と接していることから、「クロイツケルン」と呼ばれているエリアです。ノイケルンの中でもいち早くセンスのいい店が誕生し、今もなお変わり続けています。以前からあるトルコ系の食品店や中古品店と、外国人が経営するカフェや古着屋さん、外国語専門書店などが混在。対極ともいえそうな組み合わせが、このエリアの魅力です。

気分はキャンプ！ ホールの森の、おもしろホテル
Hüttenpalast
ヒュッテンパラスト

今晩の宿はキャンピングカー、と言ったら驚くでしょうか。でも、このホテルでは現実なのです。部屋のタイプは3つ。キャンピングカー、小屋、そしていわゆる普通の部屋です。以前は掃除機工場だった天井の高いホール内には、キャンピングカーが「駐車」し、デザインの異なる小屋が建っています。それぞれに付属したテーブルと椅子のリビングコーナーがあり、かわいい木も立っていて、ホール全体がまるで小さな森のよう。隅々まで探検したい気分に駆られます。「でもトイレは？」という方、ご安心ください。男女別のトイレとシャワーが、ホールに完備されています。もしもシャワー・トイレ付きをお望みなら、6つあるオーソドックスでバリアフリーな部屋にご宿泊を。

通りに面した1階は、誰でも入れるカフェ。写真の中庭部分ではお茶ができます。

Hobrechtstr. 65/66, 12047 Berlin
電話：030-37305806
交通：U7 U8 Hermannplatz
料金：シングル 55ユーロ～、
ダブル 65ユーロ～
カード：Visa, Master, Amex
http://www.huettenpalast.de/
WLANあり

Neukölln

A

おとぎの国のような、ホールの森。冬も暖か。

冒険の夢が見られるかも？ キャンプ気分でおやすみなさい。

キャンドルが点る、落ち着いた雰囲気が素敵。できれば予約を。

昔むかしの料理を、現代風においしくアレンジ 
Sauvage Paleothek
ソヴァージュ・パレオテーク

小麦粉不使用のバンズを使ったバーガーや、牛の骨髄などユニークなメニューが特徴。

コンセプトは、先史時代の料理。そう聞くと、ちょっと興味をひかれます。マンガに出てくるようなマンモスの肉はさすがにありませんが、食材が効率優先で生産されていなかった時代を見習い、現代風にアレンジした料理は口コミで話題に。ですから、ビオの野菜や自然な環境で育った肉・魚、未精製植物油や自家製発酵食品などを使っています。
オーナーのボリスさんは、この食事にして体調がよくなったとか。例えばバーガー。先史時代には穀物はなかったそうで、バンズにも一切使われていません。選べるソースもマイルド。これが本来の食物の味なのかなと思います。そのほか、少しずついろいろ頼めるタパス（小皿）料理も豊富。ゆっくりと食事を楽しみたいレストランです。

Pflügerstr. 25, 12047 Berlin
電話：030-53167547
交通：U8 Hermannplatz
営業日：火〜日 18:00-23:00（予約推奨）
定休日：月
予算：バーガー 9ユーロ、タパス 2.50ユーロ〜、スペアリブ 13ユーロ、ビール 2.90ユーロ〜、グラスワイン 4.80ユーロ〜
カード：Master
http://sauvageberlin.com/

Neukölln

鳥かごをアレンジしたランプシェードにも目が行きます。

ドアは2ヵ所ありますが、左側から入ります。

ベルリーナー御用達のヴィンテージ服&カフェ
Sing Blackbird
シング・ブラックバード

ベルリーナー（ベルリンっ子）のおしゃれは、チープシックが基本。特にノイケルンにいるヒップスターたちは、ヴィンテージを上手にミックスして、自分のセンスで着こなしています。そんなおしゃれを目指すなら、50年代以降のヴィンテージ服とアクセサリーをセレクトしたこのお店は必見。明るくてクリーンな店内に、色やテイストごとに分けられたヴィンテージ服が整然と並んでいて、壁にかかったコーディネートも参考になりそうです。

お買い物に疲れたら、カフェコーナーで、サラダやホームメイドケーキはいかが？　そのほかフリマやムービーナイトなど、季節に合わせたイベントも開催しているので、ホームページをチェックしてみてください。

ヴィンテージが初めての人は、小物から取り入れると抵抗がないかもしれません。

Sanderstr. 11, 12047 Berlin
電話：030-54845051
交通：U8 Schönleinstr.
営業日：月一日 13:00-19:00
定休日：無休
カード：現金のみ
https://www.facebook.com/singblackbird

チーク材が美しい家具。シンプルで幅広いインテリアに合う。　　　家で過ごす時間の長い、北欧のランプデザインは秀逸。

合わせやすい北欧ヴィンテージの家具と雑貨
Vintage Galore
ヴィンテージ・ガロル

北欧ヴィンテージファンなら、ぜひ訪れてほしいお店。60年代のデンマーク製ヴィンテージ家具を中心に、雑貨やランプ、服を扱っています。デンマークの家具は、チーク材による美しい色と滑らかな木肌が特徴で、クラフトマンシップに則った高い品質を備えており、北欧デザインの中でも特別な存在。60年代には、ドイツやイギリスも、そのデザインをコピーしていたそうです。オーナーのエリックさんも、そんな美しさに魅せられた1人。旅先で家具を持ち帰ることはできませんが、雑貨なら大丈夫。和風の住まいやシンプルインテリアに、チーク材とメタルを合わせたS&Pセットや存在感のある花瓶、キャンドルスタンドなどを置くだけで、印象がきっと大きく変わります。

和のインテリアにも馴染みそうな雑貨もディスプレイされています。

Sanderstr. 12, 12047 Berlin
電話：030-63963338
交通：U8 Schönleinstr.
営業日：火〜金 14:00-20:00、
土 12:00-18:00　定休日：日・月
カード：Visa、Master
http://vintagegalore.de/

Neukölln

種類の多さと確かな味で、ベルリン中から来客が

Martins Place 🧁
マーティンズ・プレイス

「ショーケースに入りきらなくて」と、オーナーのマーティンさん。種類の多さはベルリンで1、2を誇るこのお店、多いときには約30種類のケーキが並びます。ルノートルやヒルトン、シェラトンで修業を重ねたマーティンさんのケーキを求めて、はるばる遠方からやって来るお客さんも。より広い場所を求めて引っ越しを考え中とのこと、来店前にウェブサイトで住所の確認を。

Pannierstr. 29, 12047 Berlin
電話：030-28879179
交通：U8 Hermannplatz
営業日：火～金 11:00-18:00、土・日 12:00-18:00　定休日：月
予算：ケーキ 3.30～3.90ユーロ　カード：現金のみ
https://www.facebook.com/martinsplaceberlin

テイクアウト中心の小さな店内。お隣が工房。「ショーケースが小さすぎて、ケーキが並びきらないんです」とオーナー。ケーキは甘すぎず、上品な味。

フランスと日本が仲よく同居する心地いいカフェ

Two and Two ☕
トゥ・アンド・トゥ

日仏ハーフのトセさんと、日本人のエリさんが2人で開いたカフェ。トセさんのおばあさんのレシピを元にしたフランスの焼き菓子と、日本のステーショナリーという組み合わせが新鮮です。注文はカウンターで。アート・デザインを勉強した2人らしく、店内や食器類にセンスの良さを感じます。ほどよく力の抜けた心地よい雰囲気で、みんなから愛されているカフェです。

Pannierstr. 6, 12047 Berlin
電話：030-53791578
交通：U8 Hermannplatz
営業日：月～金 8:30-18:00、土・日 10:00-18:00
定休日：無休　予算：カプチーノ 2.30ユーロ
カード：現金のみ　http://www.twoandtwoberlin.com/

カヌレなど日本で有名な焼き菓子も、このお店のオープン当時は、誰も知らなかったとか。ドリンクやお菓子は、ヴィンテージ食器でサーヴ。Wi-Fiもあり。

B Neukölln

あちこちで英語が聞こえる、新ショップぞろいの場所

エリアAに当たる通称「クロイツケルン」がヒップになるに従い、そのムーブメントが南下し、現在はこのエリアが急激に変化しているところです。特にヘルンフート広場周辺には、ラフでカジュアルなカフェや、ハンバーガーショップなどの新規オープンが相次いでいます。若い外国人が多く、ドイツ語よりもむしろ英語の方がよく聞こえてくるほど。ツーリストも違和感なく溶け込めます。

軽くてさっぱり、純植物性のビーガンカフェ

Vux

フクス

純植物性の食材だけを使用している、かわいいビーガンカフェ。スタッフも全員ビーガンです。主なメニューは、ベーグルサンドや自家製ケーキ。卵やバター不使用の植物性なので、どれも軽くさっぱりとしていて、胃にもたれません。コーヒーには、牛乳の代わりに植物性の豆乳を使用。週末はベルギーワッフルやスープなどのメニューもあり、日曜の12～15時はブランチタイムです。

Wipperstr. 14, 12055 Berlin
交通：U7 S41 S42 Neukölln
営業日：水～土 12:00-19:00、日 12:00-18:00
定休日：月・火　予算：カプチーノ 1.80ユーロ、ケーキ 2.50ユーロ～　カード：現金のみ
http://www.vux-berlin.com/

毎日約10種類が揃うケーキは、ローズマリー入り洋梨ケーキなど、個性的なものも。豆乳のほんのりした甘みを感じる、ラテ・マキアートと共に。

Neukölln

フレーバーは変わるので、通う楽しさが。抹茶やマンゴーも人気。

自然のおいしさを、そのままアイスに閉じ込めて
Eismanufaktur
アイスマヌファクトゥーア

ドイツ人は年齢性別問わず、アイス大好き！ドイツのアイスはおいしいので、ぜひ食べてほしいです。中でもここは市内で5店舗ある、人気のアイス屋さん。自然素材にこだわり、人工色素や香料などは一切不使用。そのほか、コーヒーやミルクも地元の製品を選んでいます。フレーバーは毎日約20種類。迷ったら、小さなスプーンで試食もできます。私のおすすめは、Sorbet Belgischer Cacao（ベルギーカカオ・シャーベット）。カカオのシャーベットとは不思議な気がしますが、ミルク不使用なのにベルギーカカオのコクがある、驚きの味です。アイスの売れ行きは、お天気次第。新鮮なものを販売するため、お天気で営業時間が変わります。春から秋の暖かい日が、アイス日和です。

アイスはコーンかカップが選べます。コーヒーなどのドリンクも各種あり。

Karl-Marx-Platz 17, 12043 Berlin
電話：0160-91318976
交通：U7 Karl-Marx-Str.
営業日：月～金 12:00頃～夜、土・日 11:00頃～夜（天気による）
定休日：11月～3月上旬頃（天気による）
予算：アイス1スクープ 1.10ユーロ、生クリームトッピング 0.40ユーロ、コーヒーフロート 3.50ユーロ　カード：現金のみ
http://www.eismanufaktur-berlin.de/

注文を受けてから焼くワッフル。表面がカリッと香ばしい。　　　　　　　　　　　木の温もりが心地いい。コンクリート製ランプが加わる予定。

建築家たちの「インテリア発展型」ワッフルカフェ

Lux
ルクス

3人の建築家が共同で開いた、ワッフルカフェ。焼きたてのワッフルと、サンドイッチが食べられます。ワッフルは甘いタイプのほかに、ハムやチーズなどの食事系も。もちろん、インテリアにもこだわりが。手前の部屋は自分たちの設計。ノイケルンのアパートにあった木の床材に、新しい木を合わせたテーブルや、壁面・天井と一体化した木のベンチ席など、オリジナリティあふれる空間です。以前は別の場所にありましたが、ここに引っ越したばかりで、ランプを取り付けたり、看板ができたりと、毎日どこかが発展中。「最初から完璧な状態でオープンせず、毎日一歩一歩進むのでいいと思います」とは、オーナーの一人、アドリアンさん。そのテンポが、とてもベルリンらしいと思います。

ルクスとは、光の意味。インテリア同様、メニューも次第に増えて、発展しています。

Herrfurthstr. 9, 12049 Berlin
電話：0176-66077509
交通：U8 Boddinstr.
営業日：月-日 8:30-19:30
定休日：無休
予算：ワッフル 1.70ユーロ〜、パニーニ 3.80ユーロ、カプチーノ 2.20ユーロ、ビール 2ユーロ　カード：現金のみ
http://cafelux.berlin/

Neukölln

この部屋のほか2部屋に、レディースとメンズが充実。セールもあり。

ノイケルン情報を発信するヴィンテージショップ
Rag And Bone Man
ラグ・アンド・ボーン・マン

60～70年代ヴィンテージのレディースとメンズ服、靴を中心に、数ユーロで買えるアクセサリーやポストカードなども扱うショップ。オーナーの2人の女性、マギーさんとヨハンナさんがセレクトする服は、レトロでキュート。花柄のワンピースや、ハートマークが付いたコレクションなど、身につけるとハッピーな気分になるようなアイテムが揃っています。また、ウォッカカクテルやハーブリキュールなど、ベルリンにある小さな会社の製品も取り扱うほか、小さなカフェスペースもあってくつろげます。

マギーさんは、ノイケルンのお店で手に入るショップマップNeukölln Schatzkarte（ノイケルンシャッツカルテ）の制作にも携わっています。ぜひここで入手して、楽しい散策＆ショッピングを。

ディスプレイのコーディネートを、着こなしの参考に。カフェスペースもいい雰囲気。

Briesestr. 9, 12053 Berlin
交通：U7 Karl-Marx-Str.
営業日：月 13:00- 19:00、
水-金 13:00-19:00、土 13:00-18:00
定休日：火・日
カード：現金のみ
https://www.facebook.com/RagAndBoneMan

ちょっと寄り道

ストリートフード・イベント

Village Market
ヴィレッジ・マーケット

いまベルリンでは、ストリートフードに熱い視線が集まっています。イベントも次々誕生。中でも注目なのが、半廃墟のNeue Heimat(ノイエ・ハイマート)を会場にしたVillage Market(ヴィレッジ・マーケット)です。

Neue Heimat
ノイエ・ハイマート

Revaler Str. 99, 10245 Berlin（RAW-Gelände内）
Village Marketは土 12:00-22:00　その他はイベントによって異なる
http://www.neueheimat.com/
https://www.facebook.com/neueheimatBLN
Village Marketは入場無料　（地図P46）

話題のストリートフード・イベント、Village Market。元ドイツ鉄道の作業場だったRAW-Gelände（エル・アー・ヴェー・ゲレンデ）の一角にある、Neue Heimat（ノイエ・ハイマート）というスペースが会場です。足を踏み入れると、グリルした肉やソースの匂い。ひと手間かけたもの、エスニック系など、少し特別感のあるフードが主流で、価格は5〜7ユーロ程度です。イベント主催者は、ベルリンの伝説的なクラブ、「Bar25」などを運営していたメンバー。だから会場では、ライブやアートも無料で楽しめます。Neue Heimatではストリートフード・イベントのほかに、ファッションイベントやジャズコンサートも行われていて、冬はクリスマスマーケットも予定しているそうです。廃墟＋落書きという、ベルリンらしさがあふれる会場で、旬のベルリンを体験してみてください。

\ まだある！/
Neuköllnのおすすめ

A ☕ Fräulein Frost
フロイライン・フロスト

アイスとワッフルが好評のカフェ

天気のいい日は行列ができるときもある、地元で人気のアイス屋さん。ビオ素材を使用しており、ビーツやバジリコなどの変わり種フレーバーもある。ワッフルも好評。

住所：Friedelstr. 39, 12047 Berlin
電話：030-95595521
営：月〜金 13:00-夜、土・日 12:00-夜　冬季休業

A ☕ Katie's Blue Cat
ケイティーズ・ブルー・キャット

焼きたてアメリカン・スウィーツ

オーナーの1人はカナダ出身。自身が幼少時から親しんできたケーキやクッキーを、店内奥の工房で焼いている。コーヒーには市内の焙煎所の豆を使用。もちろんテイクアウトも可能。

住所：Friedelstr. 31, 12047 Berlin
営：月〜金 8:30-18:30、土・日 10:00-19:00　無休
http://katiesbluecat.de/

A ☕ Cafe Valentin
カフェ・ヴァレンティン

スウェーデン風のかわいいカフェ

居心地のいい、小さなスウェーデンカフェ。日替わりケーキや軽食がある。日によっては、スウェーデンでおなじみのプリンセスケーキが食べらるかも。ヴィンテージの食器類を使っていて、エレガント。

住所：Sanderstr. 13, 12047 Berlin
営：水〜土 10:00-18:00、日 11:00-18:00　休：月・火
https://www.facebook.com/cafevalentin

A ☕ Bullys Bakery
ブリーズ・ベーカリー

自家製ケーキとフラムクーヘン

スペインで修業したオーナーが焼くNYチーズケーキやブラウニーなどケーキがおすすめ。昼12時からはフラムクーヘン（アルザス風の、薄い生地のピザ）も頼める。午後は満席になることが多い人気店。

住所：Friedelstr. 7, 12047 Berlin
電話：030-25325500　営：月〜金 7:00-18:00、土 9:00-18:00、日 10:00-18:00　無休

A ☕ Croissanterie
クロワッサンテリー

クロワッサンで名高いカフェ

ドイツのクロワッサンは重い食感のものが多いのですが、ここは本場フランスを思わせる、サクッとして、ハラハラとこぼれる落ちる生地。パン・オ・ショコラなど種類もいろいろ。

住所：Pannierstr 56, 12047 Berlin
電話：030-6246079
営：月〜金 7:00-15:00、土・日 8:00-15:00　無休

A 🛍 The Good Store
ザ・グッド・ストア

ハイブランドのヴィンテージ服

ジルサンダー、エルメス、プラダなどのハイブランドから、カジュアルブランドまでのヴィンテージを扱う、レディース＆メンズショップ。シューズやバッグも。全体的に、エレガントで上品なテイスト。

住所：Pannierstr. 31, 12047 Berlin
営：火〜土 13:00-19:00　休：日・月
http://www.thegoodstore.berlin/

B 🍴 Twinpigs
ツインピッグス

クラフトビールも充実のバー

広くてゆったりとしたバー。ソファ席、テーブル席、カウンターがあり、好きな席でくつろげる。カクテル類のほか、ベルリンやバイエルンのクラフトビールもあり、ビールファンにもおすすめ。

住所：Boddinstr. 57a, 12053 Berlin
営：火〜土 19:00-3:00
休：日・月

B ☕ Prachtwerk
プラハトヴェルク

ステージもある広々としたカフェ

広々とした空間とアンティークを使ったインテリアが魅力のカフェ。朝食、軽食、ケーキがあり、どれもビオ食材を中心に使っている。店内のステージで、イベントが開かれる夜も。

住所：Ganghoferstr. 2, 12043 Berlin
電話：030-40985635　営：日〜火 10:00-23:00、水 10:00-0:00、木 10:00-1:00、金・土 10:00-2:00　無休

これから大きく発展していく場所

Wedding

ヴェディング

ヴェディングは、トルコ・アラブ系住人が多いエリアです。特にきれいな街並みではないですし、有名な観光スポットもありません。しかし、各エリアが次々と小ぎれいになる中で、これから発展するヴェディングには、オルタナティブで、商業主義に染まりきらないベルリンらしい場所が残っています。今のうちに、訪れてください。

{ 主な観光スポット }

レオポルド広場

シラー公園

シュベリンプラッツ

プライムタイムシアター

工科大学

★ **Schillerpark**
シラー公園

Vinh Loi Asian Supermarkt
アジアンマーケット
地下の広い売り場に、アジア各国の食材がぎっしり。日本食材もあり。

エリア A

Nauener Platz

★ **TassenKuchen** P112
タッセンクーヘン（カフェ）

cafe chokkolatta
（カフェ）カフェ・チョッコラッタ

Taverna Hellas
タヴェルナ・ヘラス（ギリシャ料理）

Pingolino eis
ピンゴリーノ・アイス（アイス）

★ **esthetiko** P106
エステティコ（家具/雑貨）

Hofbäckerei
ホーフベッケライ（パン/カフェ）

★ **Korea Haus** コレア・ハウス（韓国料理）P112

★ **Da Baffi** P112
ダ・バッフィ（イタリアン）

montagehalle berlin
モンタージュハレ・ベルリン（ベルリンブランド服）

H&M エイチアンドエム（メンズ/レディス）

Weine und Geflügel
ヴァイネ・ウント・ゲフリューゲル（ワイン居酒屋）

Cafe Olga
（カフェ）カフェ・オルガ

Kräuter Kühne
クロイター・キューネ（ハーブ）

dm デーエム（ドラッグストア）

Müllerstr.
ミュラー通り
ヴェディング地区のメインストリート。トルコ系青果店やカフェ、カジュアルなブティックなどがある。

Auf der Suche nach dem verlorenen Glück
アウフ・デア・ズーヘ・ナハ・デム・フェアローレネン・グリュック（カフェ）

colorblind patterns
カラーブラインド・パターンズ（生地店）

★ **Asia Deli** アジア・デリ（中華）P112

Bio Company
ビオ・カンパニー（オーガニック）

Müller ミュラー（コスメ、香水）

★ **Himmelbeet** P112
ヒンメルベート（共同ガーデン）

★ **Vagabund Brauerei** P107
ヴァガブント ブラウエライ（ブルワリービアバー）

Dunkin' Donuts
ダンキン・ドーナツ（ドーナツ）

P112 **Coffee Star**
（カフェ）コーヒー・スター

Nazarethkirchstr.
ナツァーレトキルヒ通り
バーやカフェ、レストランが比較的多い通り。

Galerie Wedding
（ギャラリー）ガレリー・ヴェディング

Leopoldplatz
レオポルト広場

★ **Zeppelinplatz**
ツェッペリンプラッツ

Karstadt
カーシュタット（デパート）

Burger King
バーガーキング（ファストフード）

★ **Beuth Hochschule für Technik Berlin**
工科大学

Pizzeria Dun Dun
ピッツェリア・ドゥン・ドゥン（ピザ）

Bombay express
ボンベイ・エクスプレス（インド料理）

Osteria bei Pino
オステリア・バイ・ピノ（イタリア料理）

Kleine Mensa
クライネ・メンザ（カフェ）

Eschenbräu
エッシェンブロイ（ブルワリービアバー）

The Tipperary
ザ・ティペラリー（アイリッシュパブ）

★ **Prime Time Theater**
プライムタイムシアター

P104 **Hubert**
（カフェ）フーベルト

Shikgoo
シクゴー（韓国料理）

Amrumer Str.

Bioladen Cafe
ビオラーデン・カフェ（オーガニック）

die Zweig Stelle
ディー・ツヴァイク・シュテレ（レディス古着）

Wedding

Wedding

1:11,000　0　200m

徒歩約7分

Osloer Str.　U9 U8
Osloer straße

エリア B

Pankstr.　U8

Uferhallen
ウーファーハレン
交通局の操車場跡地。現在はイベントスペースやアトリエが集まる、クリエイティブな場。

Uferstudios
ウーファースタジオ
元交通局の作業場。その跡地に14のコンテンポラリーダンススタジオなどが集合。ダンス公演を開催。

Gesundbrunnen Center
ゲズントブルンネン・センター
専門店・スーパー・フードコートなどがあるショッピングモール。

P109 **Cafe Pförtner**
カフェ・プフェルトナー（カフェ）

ExRotaprint Kantine P108
エックスロタプリント・カンティーネ（食堂）

Gesundbrunnen　U8 S1 S2 S25 S41 S42

P112 **Berliner Unterwelten**
ベルリーナー・ウンターヴェルテン（防空壕ツアー）

Humboldthain　S1 S2 S25

プレンツラウアーベルク P28

Stattbad Wedding P112
シュタットバート・ヴェディング（イベントスペース）

Reinickendorfer Str.　U6

ミッテ P14

A Wedding

オリエンタルな香りの移民街での、小さな探検が楽しい

ヴェディングの目抜き通りである、長いミュラー通り。最もにぎやかなのは、レオポルドプラッツ駅とゼーシュトラーセ駅にはさまれた部分です。その西側のエリアは、最近個性的なカフェやお店がいくつか誕生し、おもしろくなり始めたところ。まさにこれから、発展していくエリアです。散策をしながら、オリエンタルな雰囲気の中に点在する小さな店を発見するのが、このエリアの楽しさです。

ベルリンらしい、手作り料理＆インテリア

Hubert
フーベルト

オープンは、この辺りにセンスのよい店がポツポツとでき始めた2012年。「なんでも素早く、というファストな時代に抵抗しているんです」とスタッフが話すように、キッシュやケーキ、日替わり料理など、キッチンで一からきちんと作った料理を提供するのがモットーです。ベルリンのカフェではよくあることですが、ハムやチーズなどを盛り合わせた朝食プレートは、終日注文可能。夜に食べてもかまいません。外観からは想像もつかない、おもしろいインテリアもスタッフの手作り。壁には古い扉や窓枠が付けられ、よく見るとその中に望遠鏡や車のハンドルも。すべて廃材や古いパーツを集めて作ったものだそうです。料理もインテリアも、とてもベルリンらしいカフェです。

まるで、部屋全体が傾いているかのように錯覚してしまう、おもしろインテリア。

Tegeler Str. 29a, 13353 Berlin
電話：030-37448826
交通：U6 U9 Leopoldplatz
営業日：月〜木 10:00-22:00、金・土 10:00-深夜、日 10:00-19:00（温かい料理は14:00-）　定休日：無休
予算：朝食プレート 4ユーロ〜、キッシュ 4ユーロ〜、カプチーノ 2.50ユーロ〜
カード：現金のみ
http://www.cafe-hubert.com/
WLANあり

Wedding

木の周りに作った、小さなガーデンが気持ちいい。テーブルも手作り。

いろいろなものが壁に潜んで、まるで隠し絵のよう。

手前の部屋には商品が天井までぎっしり。何かに巡りあえそう。　　　ドイツ製の陶器類。同じ色や形をまとめて数個飾ると素敵。

ドイツとデンマーク、相性のいいヴィンテージセレクト

esthetiko
エステティコ

50〜70年代のドイツ、デンマークの家具と雑貨を扱う、ヴィンテージショップ。ヴィンテージのパーツに新品を組み合わせた、オリジナルランプもあります。小さな店内には家具類が積まれ、その隙間を埋めるようにランプや陶器類が。まるで倉庫のようなぎっしり感に、思わず心が躍ります。雑貨類は、50年代ドイツ製が充実。この時代にドイツで生産されていた陶器は、世界的に有名だったのだそうです。ディスプレイを見ていると、チーク材でできたダークブラウンのデンマーク家具に、白や青、赤などの陶器が、とてもよく映えることに気づきます。日本へも持ち帰りやすい布類や、割れにくいプラスチック製の小物もあるので、奥の部屋の隅々までチェックしてみてください。

小物は、70年代のカラフルなものがいろいろ。奥の部屋にはテキスタイルも。

Lüderitzstr. 6, 13351 Berlin
電話：0170-4011963
交通：U6 Seestr.
営業日：水−金 14:00-19:00、
土 12:00-16:00　定休日：日−火
カード：現金のみ
http://esthetiko.de/

Wedding

ここでは計20種類のエールを醸造。

3人の放浪者（ヴァガブント）が醸造するクラフトビールバー
Vagabund Brauerei
ヴァガブント・ブラウエライ

店内中央の黒板には、その日のクラフトビールの銘柄が4種類。いくつか味わううちに、黒板上では一つが消え、代わりに新たな銘柄が。次は何が来るのだろうと気になって帰れない、そんな魅惑的なビールバーです。オーナーは、自家製ビール造りが盛んなアメリカからやって来たデイヴィッドさん、トムさん、マットさんの3人。やはり母国では、趣味でビールを醸造していました。ここでビール造りを始めたのは2014年から。常温で発酵させる、フルーティーな味と芳醇な香りを持つ、エールビール専門です。他醸造所のクラフトビールや世界の瓶ビールもあり、フードメニューはないので、各自持ち込み自由。次々と黒板に現れる銘柄と、集う人の熱気で、あなたも帰れなくなるかもしれません。

奥の醸造スペースは、席から覗くことができます。これから瓶ビールも作りたいとか。

Antwerpenerstr. 3, 13353 Berlin
電話：030-52667668
交通：U6 Seestr.
営業日：火〜土 19:00-深夜
定休日：日・月　予算：クラフトビール 3ユーロ前後〜、瓶ビール 3.50ユーロ〜
カード：現金のみ
http://www.vagabundbrauerei.com/

107

B Wedding

ふつうのツーリストには縁遠い、ディープで面白いエリア

この辺りはお店が少ない、住宅街。トルコやアラブ系住民が多いため、ヒジャブと呼ばれるスカーフで頭を覆ったイスラム系女性の姿をよく目にします。このエリアには、昔の工場や公共施設を利用したイベントスペースやギャラリーが散らばっています。普通のツーリストはめったに行きませんが、ベルリンのアンダーグラウンドな側面が好きな人には、とてもおもしろいエリアです。

ベルリーナー気分で食べる、格安日替わりランチ

ExRotaprint Kantine
エックスロタプリント・カンティーネ

エックスロタプリントは、倒産した印刷機製造会社、ロタプリントの敷地と複数の建物を受け継いだ、オフィスやアトリエの集合体。その一角にある食堂がカンティーネ。誰でも格安日替わりランチが食べられ、市民の日常も垣間見られるとあっては、行かない手はありません。しかも、コーヒーや卵などにはビオ（オーガニック）製品を使用。日替わりメニューは、HPでも確認できます。

Gottschedstr. 4 13357 Berlin
電話：030-44045124　　交通：U9 Nauener Platz
営業日：月〜金 8:00-16:00（朝食 8:30-11:30、
ランチ 12:00-15:30）　　定休日：土・日
予算：日替わりスープ 3ユーロ　カード：現金のみ
http://www.exrotaprint.de/

ローカル色いっぱいの、まさに「食堂」という雰囲気に、うれしくなります。カンティーネは、敷地の入り口を入り、手前左側の建物にあります。

Wedding B

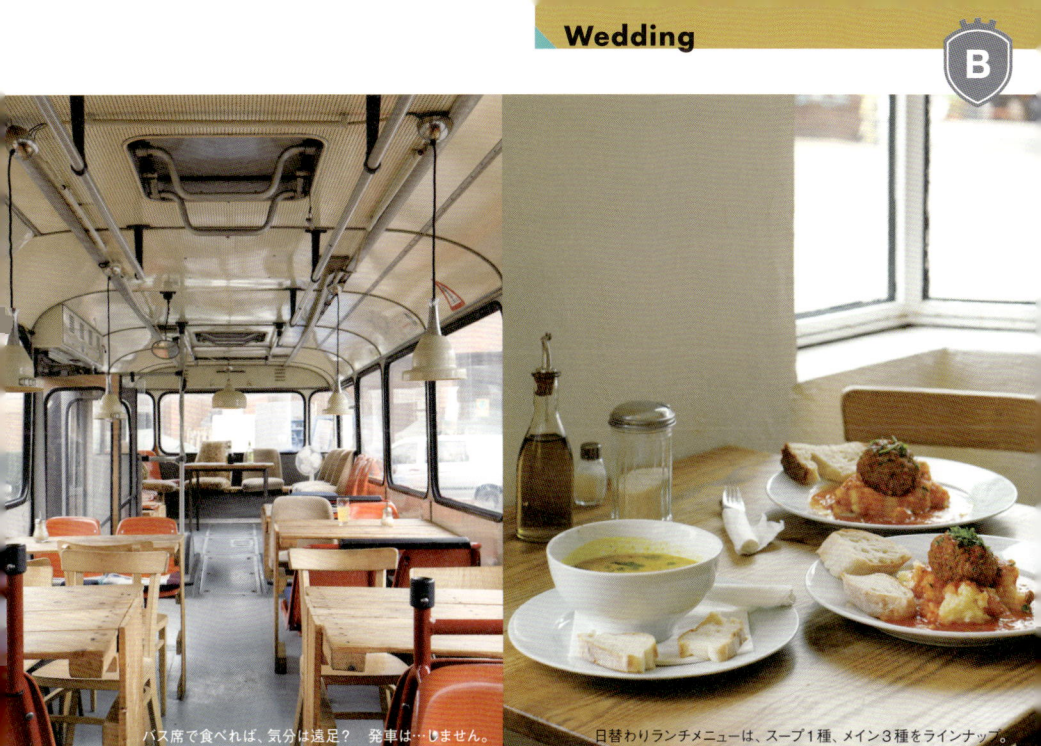

バス席で食べれば、気分は遠足。　発車は…しません。

日替わりランチメニューは、スープ1種、メイン3種をラインナップ。

知る人ぞ知る、元操車場のお値打ちカフェ

Cafe Pförtner ☕

カフェ・プフェルトナー

プフェルトナーとは、守衛の意味。このカフェは、ギャラリーやアトリエが集まる広い敷地の入り口に立つ、レンガの建物とその横のバス内にあります。じつは、敷地は元ベルリン交通局の操車場で、現在カフェが入っている建物に守衛さんがいたのです。ベルリンでは、元工場などが新たな形でよみがえることがよくありますが、ここもその一つです。時間帯ごとに日替わりランチやディナーがあり、ときには行列ができるほど。メニューはドイツ料理とイタリアンで、15時半までのランチタイムと18時半からのディナータイムの間には、ケーキもあります。カウンターで支払いを済ませ、食事は席まで運んでくれる半セルフサービス方式。ヴェディングらしい、おもしろお値打ちカフェです。

カラフルなバスもカフェの一部。右手後方に、ギャラリーやアトリエが続いてます。

Uferstr. 8-11, 13357 Berlin
電話：030-50369854
交通：U8 Pankstr.
営業日：月ー金 9:00-24:00、
土 11:00-23:00　定休日：日
予算：日替わりランチ 3.50〜6ユーロ、
日替わりディナー 9〜12ユーロ、
ジュース 2ユーロ〜　カード：現金のみ
http://pfoertner.co/

ちょっと寄り道

とにかくおいしい！ ベルリンのファストフード

ベルリンに来たら絶対に試してほしいのが、名物ファストフード。B級グルメですが、とにかくおいしい。一度食べたら、この味恋しさに再びベルリンに来てしまうかも？

ベジ派ならファラフェル

つぶしたひよこ豆をボール状にして揚げた、アラブ料理のファラフェル。それをピタパンにはさんだファラフェルサンドは、ベジタリアンにもおすすめ。新鮮な野菜と好みのソースで、食べ応え十分です。 ファラフェルで有名なHabibi（ハビビ）なら、いつも揚げたて。ベルリンに3店舗ありますが、以下のお店がいちばん居心地のいい雰囲気です。

Habibi ハビビ
Goltzstr. 24, 10781 Berlin （地図P130）
日～木 11:00-3:00、金～土 11:00-5:00　定休日：無休

ベルリン生まれ、トルコのケバブ

ドネルケバブは、本来トルコ料理。でもそれをパンにはさんだケバブサンドは、ベルリン生まれ。Mustafas Gemüse Kebapは、30分待ち必至の超人気ケバブ屋台。チキンに素揚げ野菜、フェタチーズがたっぷり入り、ソースと絞ったレモンで仕上げたケバブは、行列も納得のおいしさ。注文時は「デーナー」と発音を。

Mustafas Gemüse Kebap ムスタファズ・ゲミューゼ・ケバブ
Mehringdamm 32, 10961 Berlin
月一日 10:00-2:00　定休日：無休
http://www.mustafas.de/　（地図P74）

カリーヴルスト、西の横綱

ベルリン名物といえば、文句なくCurrywurstでしょう。これは多めの油で焼いたソーセージに、ケチャップベースのソースとカレー粉をかけたもの。どの店もおいしいのですが、西ベルリン地区でいちばんの人気店は、Curry 36。ソーセージは皮付き・なしが選べます。付け合わせに、フライドポテトかパンもぜひ。

Curry36 カリー・ゼクス・ウント・ドライスィヒ
Mehringdamm 36, 10961 Berlin
月一日 9:00-翌5:00　定休日：無休
http://www.curry36.de/　（地図P74）

カリーヴルスト、東の横綱

カリーヴルストの東ベルリン地区の横綱といえば、Konnopke's Imbißをおいて他にありません。創業1930年の有名店で、Uバーンが走る高架下にお店があります。こちらのソーセージは、皮なし。カリッと焼いたソーセージとケチャップベースソースの組み合わせは、単純ですがクセになる味です。

Konnopke's Imbiß コノップケス・インビス
Schönhauser Allee 44 B, 10435 Berlin
月一金 9:00-20:00、土 11:30-20:00　定休日：日
http://konnopke-imbiss.de/　（地図P29）

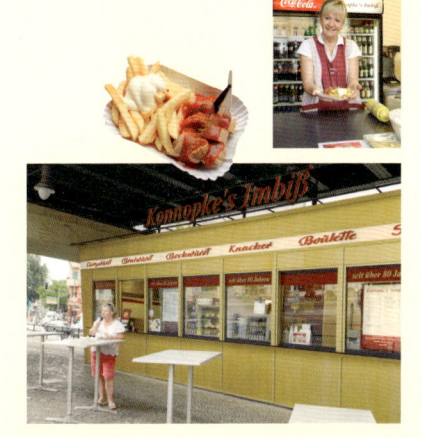

\ まだある！／
Weddingのおすすめ

A ☕ TassenKuchen
タッセンクーヘン

ビーガンメニューもあるカフェ

ビオとフェアトレードの素材を使ったカフェ。ランチやカップケーキなどのアメリカンスウィーツに、ビーガンメニューもある。土日限定メニューのパンケーキや朝食もおいしい。

住所：Malplaquetstr. 33, 13347 Berlin
電話：030-24327966
営：月－日 10:30-19:00　無休

A 🍴 Asia Deli
アジア・デリ

気軽な店構えながら本格的中華

一見簡単な食堂のようで、じつは本格的中華料理が食べられる店。店内の壁に写真が掛かっている料理ではなく、赤い表紙のメニューから選ぶのがポイント。一品料理には白いご飯が付いてくる。

住所：Seestr. 41, 13353 Berlin
電話：030-45084219　営：月－金 11:00-22:30、土・日 12:00-23:00　無休

A ☕ Coffee Star
コーヒー・スター

高品質で良心的なコーヒーショップ

産地と農園にこだわった豆を自家焙煎した、スタンド席のコーヒーショップ。シングルオリジンコーヒーはフレンチプレスで提供。もちろんエスプレッソも。豆も購入できる。高品質なのに良心的な価格。

住所：Müllerstr. 146, 13353 Berlin
電話：030-45482893
営：月－金 8:00-19:30、土 10:00-16:00　休：日

A 🍴 Da Baffi
ダ・バッフィ

雰囲気のいい高級イタリアン

ヴェディングでイタリアンを食べるなら、このレストラン。高級だが、雰囲気がいい。トリュフを使った料理や、新鮮な肉・魚料理、自家製パスタ、アンティパストなど。予約推奨。

住所：Nazarethkirchstr. 41, 13347 Berlin
電話：0175-6926545
営：火－土 18:30-　休：日・月

A 🎨 Himmelbeet
ヒンメルベート

みんなの共同ガーデン

有志による、共同アーバンガーデン。都会でエコな環境により、食物を育てることがコンセプト。一般の人がここでミニガーデンを借りて、作物を育てている。誰でも入場でき、カフェも利用できる。

住所：Ruheplatzstr. 12, 13349 Berlin
電話：0162-2987205
営：火－日 11:00-20:00　休：月・11-4月

B 🎨 Berliner Unterwelten
ベルリーナー・ウンターヴェルテン

ベルリン各地の防空壕を見学

ベルリン各地にある、戦時中の防空壕を見学するツアー。ツアー内容は各種あり、英語ガイドを実施しているものも。日時や条件はHPで確認を。

住所：Brunnenstr. 105, 13355 Berlin
電話：030-49910517
営：月－金 12:00-20:00、土 12:00-18:00　休：日
http://berliner-unterwelten.de/

A 🍴 Korea Haus
コレア・ハウス

居心地よい韓国料理レストラン

日本のこぢんまりとした居酒屋を思わせるような、居心地のいい雰囲気の韓国料理レストラン。肉・魚料理が各種あり、鍋や卓上で焼くプルコギもある。手頃な値段もうれしい。前日までに予約を。

住所：Nazarethkirchstr. 45, 13347 Berlin
電話：030-45798367
営：火－日 14:00-23:00　休：月

B 🎨 Stattbad Wedding
シュタットバート・ヴェディング

元市民プールのイベント会場

閉鎖された市民プールがコンサートなどのイベント会場に変身。イベント開催日時以外でも入れるカフェもある。イベントはHPで確認を。

住所：Gerichtstr. 65, 13347 Berlin
電話：030-46797350　営：月－火 10:30-20:00、水－金 10:30-深夜　休：土・日
http://www.stattbad.net/

エレガンスが詰まった、西ベルリンの中心街

Charlottenburg

シャルロッテンブルク

シャルロッテンブルクは、西ベルリンの中心地。ベルリンのシャンゼリゼともいえるクーダム通り、戦争で破壊されたままの姿でたたずむカイザー・ヴィルヘルム記念教会、動物園など、見どころが集まったエリアなので、ベルリン滞在中に一度は訪れることでしょう。道行く人やお店は、上品でエレガントな雰囲気です。

{ 主な観光スポット }

カイザー・ヴィルヘルム記念教会

ベルリン動物園

オイローパセンター

クーダム通り

ザヴィーニー広場

ベルリン芸術大学

ヴィッテンベルク広場

エリア B

U2 Deutsche Oper
Ernst-Reuter Pl. **U2**

Schillertheater
シラー劇場

Schillerstraße

Arielle's Macarons Berlin P128
アリエルズ・マカロンズ・ベルリン
（マカロン）

Universität der Künste Berlin
ベルリン芸術大学

P123 Rosewater's
ローズウォーターズ
（バスグッズ）

P128 Philomenis
フィロメニス
（デリ／ケーキ）

Weimarer Straße / Herderstraße / Schlüterstraße / Hardenbergstraße

Goethestraße

P125 Confiserie Mélanie
コンフィズリー・メラニー
（チョコレート）

Café Savigny P128
カフェ・ザヴィニー（カフェ）

Pestalozzistraße

Leibnizstraße / Grolmanstraße / Knesebeckstraße / Carmerstraße / Uhlandstraße

P124 Paper & Tea
ペーパー・アンド・ティー
（茶葉／カード）

Krumme Straße

P125 Good Friends
（中華）グッド・フレンズ

Kantstraße

Savignyplatz
サヴィニー広場

P121 Schwarzes Cafe
シュヴァルツェス・カフェ
（カフェ）

P128 Ottenthal spezial
（カフェ）オッテンタール・スペツィアール

P128 Bücherbogen
（書店）ブーヒャー・ボーゲン

diener Tattersall
ディーナー・タッターザール
（ドイツレストラン）

Savigny-platz
S5 S7 S42 S45 S46
S47 S75 RB RE

P128 Zillmarkt
（ドイツ料理）ツィレマルクト

P128 nibs cacao
ニブス・カカオ
（チョコレート）

Niebuhrstraße

Van Nord
ファン・ノルト
（インテリア）

CAMERA WORK P118
カメラワーク（ギャラリー）

Apple Store
（電化製品）アップルストア

Mommsenstraße

Delfi
（コスメ）デルフィ

Wielandstraße / Bleibtreustraße

P120 FALKE
ファルケ
（ストッキング／タイツ）

CARAS
カラス
（カフェ）

Starbucks Coffee
スターバックスコーヒー
（カフェ）

Wunderkind
ヴンダーキント

Wolford
（ランジェリー）ヴォルフォート

Steiff Galerie Berlin
シュタイフ・ガレリー・ベルリン
P128（ぬいぐるみ）

Uhlandstr. **U1**

Sybelstraße

Porsche Design
（レディス／メンズ）ポルシェ・デザイン

Longchamp
（バッグ）ロンシャン

Tommy Hilfiger
トミー・ヒルフィガー
（レディス／メンズ）

Giesebrechtstraße

AIGNER
（レディス／雑貨）アイグナー

Kurfürstendamm

House of Villeroy & Boch
ハウス・オブ・ヴィレロイ・アンド・ボッホ
（食器）

COS
コス
（メンズ／レディス）

Louis Vuitton
（メンズ／レディス）ルイ・ヴィトン

Kurfürstendamm
クーダム通り

Grosz P122
グロス
（カフェレストラン）

Rosenthal
ローゼンタール（食器）

Douglas
ドゥーグラス
（香水／コスメ）

Starbucks Coffee
スターバックスコーヒー
（カフェ）

Gucci
グッチ（メンズ／レディス）

Zwilling J.A. Henckels
（キッチンツール）ツヴィリング・J.A. ヘンケルス

LACOSTE
（レディス／メンズ）ラコステ

Bvlgari
ブルガリ（メンズ／レディス）

Lietzenburger Straße

Cartier
カルティエ（ジュエリー）

Literaturhaus Berlin
ベルリン文学館
展覧会や朗読会など文学に関する
イベントを開催。館内のカフェ・レ
ストランはとても落ち着ける。

Xantener Straße

Pariser Straße

Fasanenstraße

Käthe-Kollwitz-Museum
ケーテ・コルヴィッツ美術館
1867〜1945年に生きた、20世紀を
代表する女性画家・彫刻家の一人、ケー
テ・コルヴィッツの美術館。

Düsseldorfer Straße

ヴィルマースドルフ P142

Pariser Str.

Charlottenburg

徒歩約15分

1:10,000 200m

Müller-Breslau-Straße
Fasanenstraße
Heltzallee
ラントヴェーア運河
Landwehr Kanal

- Museum für Fotografie
  ムゼーウム・フュア・フォトグラフィー
  （写真ミュージアム）

Tauentzienstr.
タウエンツィーエン通り
クーダムよりカジュアルなお店が並ぶ、にぎやかなショッピングストリート。

★ Zoo Berlin
ベルリン動物園

Zoologischer Garten
S5 S7 S75 RB RE

McDonald's
マクドナルド
（ファストフード）

Bikini Berlin
ビキニ・ベルリン
（ショッピングセンター）

vitra ♥ artek P119
ヴィトラ・ウント・アルテック（家具/雑貨）

Zoologischer Garten
U2 U9

エリア A

25hours Hotel Bikini Berlin P116
25アワーズ・ホテル・ビキニ・ベルリン（ホテル）

Kaiser-Wilhelm-Gedächtniskirche
カイザー・ヴィルヘルム教会

Budapester Straße

Ampelmann
アンペルマン（雑貨/カフェ）

H&M
エイチアンドエム（メンズ/レディス）

McDonald's
マクドナルド（ファストフード）

Benetton
ベネトン（レディス/メンズ）

Europa Center
オイローパセンター
（ショッピングセンター）

Kurfürstendamm
U1 U9

UNICLO
ユニクロ（メンズ/レディス）

C & A
ツェー・ウント・アー（デパート）

Zara
ザラ（メンズ/レディス）

Zara
ザラ（メンズ/レディス）

Bayreuther Straße
Kleist Straße

Käthe Wohlfahrt
ケーテ・ヴォルファルト
（クリスマスグッズ）
P128

H&M
エイチアンドエム（メンズ/レディス）

Mango
マンゴー（レディス）

Levi's
リーバイス（メンズ/ウィメンズ）

Forever 21
フォーエバートゥエンティワン（レディス/メンズ）

Wittenbergplatz
U2

Desigual
デジグアル（レディス/メンズ）

Wittenbergplatz
ヴィッテンベルク広場

Adidas
アディダス（レディス/メンズ）

Augsburger Str.
U3

Häagen-Dazs
ハーゲンダッツ（アイス）

KaDeWe
カー・デー・ヴェー
西ベルリンの老舗高級デパート。最上階は明るいセルフのフードコート。一品料理は注文後料理してくれる。

Berliner Festspiel
ベルリナーフェストシュピール

Lietzenburger Straße
Fuggerstraße

Gerhart-Hauptmann-Anlage
ゲルハルト・ハウプトマン公園

Spichernstr.
U9 U3

Schaperstraße
Geisbergstraße
Welserstraße
Motzstraße

ヴィルマースドルフ P143

シェーネベルク P130

115

A Charlottenburg

高級店も多い界隈を、
少し特別な気分で堪能して

目抜き通りクーダム（正式名称クアフュアステンダム）を中心に広がるエリアです。ツォーロギッシャー・ガルテン駅に近くなるほどツーリストが多くカジュアルな雰囲気に、ウーラントシュトラーセ駅から西側は高級ブランドが店を構えています。第二次世界大戦後に植えられたプラタナスが並ぶクーダムをウィンドウショッピングしながら歩くだけでも、エレガントなベルリンを感じられます。

クールなのにリラックス。ベルリンを体現したホテル
25 hours Hotel Bikini Berlin 🔑
25 アワーズ・ホテル・ビキニ・ベルリン

スタイリッシュなデザイナーズホテルとしてドイツ各都市とウィーン、チューリッヒに展開している25アワーズホテル。ベルリンには2014年に、西の中心地であるクーダム通りからほど近い、絶好のロケーションにオープンしました。お部屋は、観光名所のカイザー・ヴィルヘルム記念教会を臨むベルリン市街に面したアーバンサイドと、動物園側のジャングルサイドに分かれていて、インテリアもその2つで異なります。最上階は、レストランとバー。全面ガラスの窓からは、動物園とその先に続くティアガルテン公園のまぶしい緑が眼下に広がります。ホテル全体のインテリアも、躍動しながらも緑が多い首都ベルリンにふさわしい、モダンかつナチュラルな、ミックスしたスタイルです。

建築家のヴェルナー・アイスリンガーによるインテリアは、遊園地のような楽しさ。

Budapester Str. 40, 10787 Berlin
電話：030-1202210
交通：U2 U9 S5 S7 S75 Zoologischer Garten
料金：シングル 120ユーロ〜、
ダブル 130ユーロ〜
カード：Visa、Master、Amex
http://www.25hours-hotels.com/

Charlottenburg

モダンなアーバンサイド。コンパクトながら使いやすいレイアウト。

動物園のサルたちを眺めつつグラスを傾けられる、モンキーバー。

高い天井が気持ちいい。2フロアあるので2階も忘れずに訪問を。

著名アーティストの美しいフォトプリントを堪能
CAMERA WORK
カメラワーク

ギャラリーは敷居が高いと感じるかもしれませんが、本当は誰にでも開かれた存在。気軽に入って、アートを鑑賞できる場所です。カメラワークは、ヘルムート・ニュートンやマン・レイなど歴史的アーティストと、現代のフォトグラファーたちの作品を展示するフォトギャラリー。美しいフォトプリントを、間近で見られます。場所は、カント通りの入り口から入り、2つめの中庭にあります。最初の中庭に面した建物右端にあるドアの脇に、CAMERA WORKと書かれたインターホンがあり、押すとブザーが鳴ります。音が鳴っている間にそのドアを開けて、2番目の中庭に入れば、ギャラリーは目の前。2012年に旧ユダヤ人女学校（P25）内に、CWCギャラリーもできました。

2番目の中庭にたどり着くと、この風景が見られます。中央扉または右側の扉が入り口。

Kantstr. 149, 10623 Berlin
電話：030-3100773
交通：S5 S7 S75 Savignyplatz,
U1 Uhlandstr.
営業日：火～土 11:00-18:00
定休日：日・月
入場料：無料
http://camerawork.de/

Charlottenburg

A

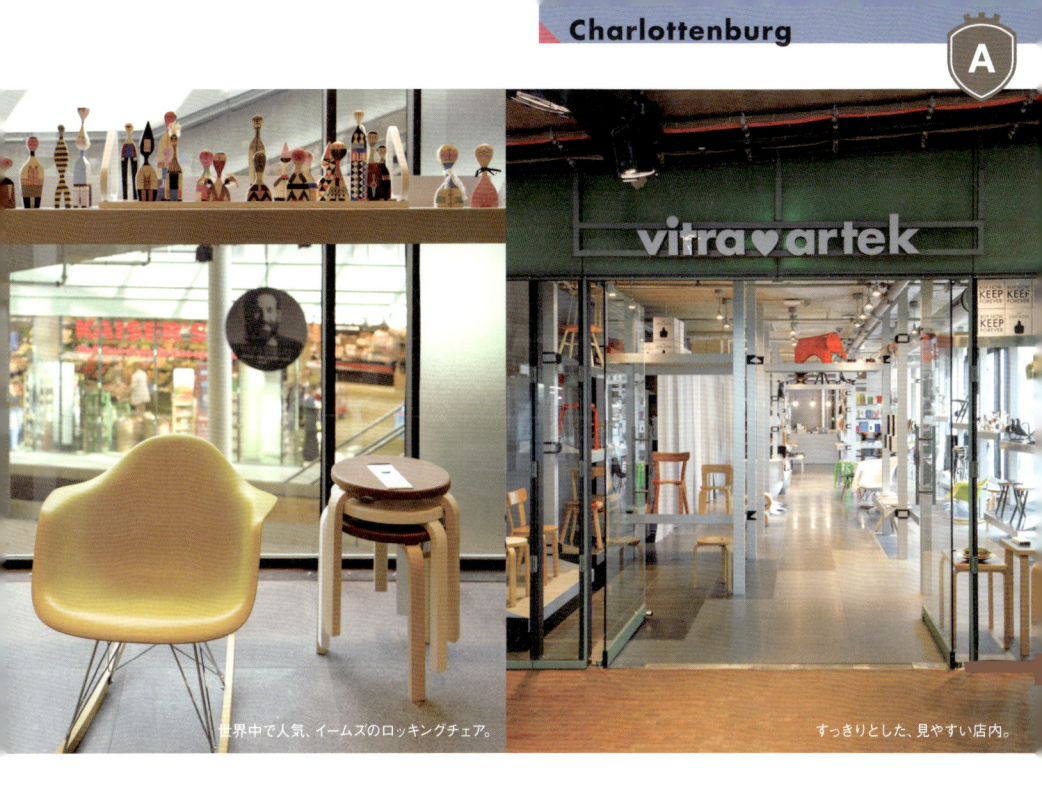

世界中で人気、イームズのロッキングチェア。 すっきりとした、見やすい店内。

名作デザイン家具を体感して
vitra ♥ artek
ヴィトラ・ウント・アルテック

ほかのショッピングモールでは、あまりお目にかかれないお店が集まるBikini Berlin。その一角に、ヴィトラと、その傘下となったアルテックのコンセプトストアができました。日本でもおなじみのデザイナーズ家具やインテリア雑貨はもちろん、「セカンドサイクル」という、アルテックのヴィンテージ家具もあります。名作家具の横には、デザイナーやサイズを記した、持ち帰り自由の説明メモが。読めば家具の勉強にもなって、ちょっとお得な気分になります。名作チェアの座り心地を確かめるのなら、奥のカフェスペースでおいしいエスプレッソはいかが？「do you read me?!」（P21）とのコラボにより、デザイン書も販売していて、まるで小さなミュージアムのようなお店です。

気になっていた椅子に座れるチャンス。コーヒーもおいしい。デザイン書や雑貨も充実。

Budapesterstr. 38-50,
10787 Berlin（Bikini Berlin内）
電話：030-85621680
交通：U2 U9 S5 S7 S75 Zoologischer Garten
営業日：月ー土 10:00-20:00　定休日：日
カード：Visa、Master
http://www.artek.fi/
http://www.vitra.com/

119

高級ブランドのストッキングで、おしゃれ心を磨く

FALKE
ファルケ

ファルケは、ドイツの高級老舗ストッキング・ソックスブランド。レディス・メンズの両方があり、男性ファンも多いのです。店内中央の、ストッキングを着けた脚が並ぶ「ランウェイ」を見ると、セクシーな印象が強いのですが、マットなタイツやカジュアルラインも充実。ファルケの製品に脚を通すときの、微かな緊張と大きな喜びは、人をきれいにしてくれるような気がします。

Kurfürstendamm 36, 10719 Berlin
電話：030-88553565
交通：**U1** Uhlandstr.
営業日：月−土 10:00-19:00　定休日：日
カード：Visa、Master、Amex
http://www.falke.com/

カラフルな脚が並ぶランウェイの左右に、豊富なデザインと色が揃ったストッキングとソックスが。もちろんタックスフリーの手続きも大丈夫。

どっしり重厚、典型的なドイツレストラン

Zillemarkt
ツィレマルクト

ベルリン市民の生活を好んで描いた画家、ツィレの名を冠したレストラン。メニューは豚の脚を煮たアイスバインなど、どっしりとした典型的なベルリン・ドイツ料理で、店内の重厚な雰囲気も、いかにもドイツ。塩気のある料理には、自家製のツィレブロイビールが似合います。種類はピルス、黒、無濾過の3つ。ベルリンらしく、朝食が16時まで注文できるのも、うれしいです。

Bleibtreustr. 48a, 10623 Berlin
電話：030-8817040
交通：**S5 S7 S75** Savignyplatz
営業日：月−金 12:00-0:00、土・日 10:00-0:00　定休日：無休
カード：Visa、Master
http://www.zillemarkt.de/

2人前から頼める盛り合わせ「Berliner Allerlei」は、ドイツ人でも食べきれないこともあるという、驚きのボリューム。夏は、緑に囲まれた中庭席もどうぞ。

Charlottenburg

半熟卵とパン、チーズ、ハムがセットになった、朝食ティファニー。

大きな看板はないので、ウィンドウのオウムのネオンが目印。

24時間、いつでも朝食が食べられる！
Schwarzes Cafe ☕

シュヴァルツェス・カフェ

ベルリンの夜は、帰る時間を気にせずに過ごせます。なぜなら、普通切符で乗れる公共交通のバスが、ベルリンの主要スポットを結んで終夜運転しているから。ナイトライフを楽しんで、夜明けにお腹が空いたときは、迷わずこのカフェへ。24時間営業していて、いつでも朝食や温かい料理が食べられる貴重な存在です。深夜の朝食も、朝からお酒も、このカフェなら気にせず頼んでしまいましょう。

料理はドイツを中心としたインターナショナル。小腹が空いたときにちょうどいいブルスケッタや、バゲットオープンサンドなどの軽食も充実しています。もちろんお茶だけでもかまいません。いつ、誰と、どんな状況で行っても大丈夫な、頼りになるカフェです。

店内の1階と2階に席があり、どちらも風格を感じる内装。小さな中庭にも席も。

Kantstr. 148, 10623 Berlin
電話：030-3138038
交通：S5 S7 S75 Savignyplatz,
U1 Uhlandstr.
営業日：月－日 24時間営業
定休日：火 3:00-10:00
予算：朝食 5.80ユーロ～、
パスタ 7.20ユーロ～　カード：現金のみ
http://www.schwarzescafe-berlin.de/

カフェ内パティスリーLouiのお菓子やヴィエノワズリー。　　　　　　この建物ができた当時のインテリアを再現。

ひととき、プリンセス気分で

Grosz
グロス

エレガントなクーダム通りに2012年にオープンした、グロス。大きな入り口の扉を入る瞬間から、少し背筋が伸びるような気がします。豪華な内装の店内では、クラシックな黒い制服に白いカフェエプロンを着けたウェイトレスやウェイターたちがきびきびと働き、まるで宮殿のお茶会にでも招待されたよう。手前にカフェコーナー、奥には真っ白いクロスがかかったレストラン、そしてバーカウンターもあり、時間帯に合わせたメニューが用意されているほか、軽食は終日頼めます。料理は地元の食材を中心にした、ドイツとフレンチのアレンジ。フランス人パティシエが作る、自家製ケーキもおいしいです。コーヒーカップを見れば、マイセン。やはりここは宮殿なのかもしれません。

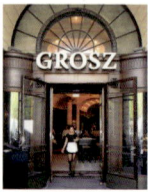

古い建物を全面改装してオープン。堂々とした入り口で、すぐにわかります。

Kurfürstendamm 193/194, 10707 Berlin
電話：030-652142199
交通：S5 S7 S75 Savignyplatz
営業日：月―金 9:00-1:00、
土・日 9:00-3:00　定休日：無休
予算：ランチ 13.50ユーロ、
カプチーノ 4.50ユーロ
カード：Visa、Master、Amex
http://grosz-berlin.de/

Charlottenburg B

素敵な品にめぐり会えたら、広場のベンチでひと休み

東西に延びるカント通りから北側は、クーダム通りに比べて閑静で落ち着いています。雰囲気のいいお店を見るなら、ザヴィーニー広場から北へ向かうクネーゼベック通りやグロールマン通りに沿って歩くのがおすすめ。ミッテ地区とは異なる、もう一つのベルリンの日常が見られます。ザヴィーニー広場には、カント通りをはさんで両側にきれいな花壇とベンチがあり、ひと休みするのに最適です。

世界一流ブランドのバスグッズ&フレグランスグッズ

Rosewater's
ローズウォーターズ

クラブツリー&イヴリン、エステバン、カンパニー・ド・プロバンスなど、世界のブランドからセレクトしたバスグッズとフレグランスを取り扱っているお店。きれいなパッケージと優しい香りに迎えられて、うっとりしてしまいます。日本では入手しにくいブランドや、おみやげにちょうどいいリップクリームもあります。いろいろ試して、お気に入りの品を見つけてください。

Knesebeckstr. 5, 10623 Berlin
電話：030-31503022
交通：U2 Ernst-Reuter-Platz
営業日：月-金 10:00-19:00、土 10:00-17:00　定休日：日
カード：Visa、Master
http://www.rosewaters.de

まるでケーキのようなかわいいバスボールなど、気軽に買える品もいろいろ。大きなショーウィンドーから店内が見えるので、気軽に入れます。

試飲コーナーでお茶を淹れるトーマスさん。セミナー講師も務める。

スタイリッシュに、お茶の魅力を広める
Paper & Tea
ペーパー・アンド・ティー

ドイツはコーヒーの国。質のいい茶葉は、なかなか手に入りませんでした。でも2012年にこのお店ができて、ベルリンのお茶事情は変わったのです。ドイツでティーとは紅茶、日本茶、中国茶すべて。ここでも世界のお茶を扱っており、その約7割が直輸入とか。高品質の茶葉に親しみやすい名前を付け、スタイリッシュなパッケージで売るのがコンセプトで、店内もまるでラボのように、シンプルでモダン。これまでの茶葉店のイメージを一変しました。さらに、テイスティングコーナーやセミナー開催で、お茶の奥深い魅力を広めています。茶器やカード類、オリジナルエコバッグもとても素敵。ここでお茶派が増え、いつかドイツも「コーヒーとお茶の国」になるかもしれません。

店名は通称P&T。茶葉はシャーレに入れ、産地の説明と共にディスプレイ。

Bleibtreustr. 4, 10623 Berlin
電話：030-555798071
交通：S5 S7 S75 Savignyplatz
営業日：月－土 11:00-20:00
定休日：日
カード：Visa、Master
http://www.paperandtea.com/

Charlottenburg

100種類以上の手作りプラリネチョコレート

Confiserie Mélanie
コンフィズリー・メラニー

手作りのプラリネチョコレートに、世界のお菓子と食品。これが70周年を迎えた名店・メラニーのコンセプト。現在のオーナー、ザビーネさんは、じつは3代目。新たなオーナーによって名店が受け継がれていくのは、よくあることなのです。名物のプラリネは、カレーやワサビなどの変わり種フレーバーも。運がよければ、地下工房で作業の工程が見られます。

Grolmanstr. 20, 10623 Berlin
電話：030-3138330
交通： S5 S7 S75 Savignyplatz
営業日：月－金 10:00-19:00、土 10:00-16:00　定休日：日
予算：プラリネチョコレート 7.90ユーロ／100g
カード：現金のみ　http://bei-melanie.de/

何10種類もあるプラリネの中から、何を選ぶかを悩むのもまた楽しいもの。店内カフェでドリンクを注文すると、プラリネがひと粒付いてきてうれしい。

味・サービスともに納得。中華といえばここ

Good Friends
グッド・フレンズ

ベルリンで最も有名で、私もおいしいと思う中華料理レストランです。名物は骨付き鴨のグリルで、一品料理として頼むと、ご飯付きで2人前ほどの量。この鴨肉がのった湯麺もおすすめ。日本でおなじみの点心や、ランチメニューもあります。アジアの喧噪を思わせるようなお客さんのにぎわいも、魅力の一部。ウェイターさんもよく気づく人ばかりで、満足できると思います。

Kantstr. 30, 10623 Berlin
電話：030-3132659　交通： S5 S7 S75 Savignyplatz
営業日：月－日 12:00-1:00　定休日：無休
予算：ランチ 7ユーロ～、骨付き鴨のグリル 14.60ユーロ
カード：Visa、Master、Amex
http://www.goodfriends-berlin.de/

中国語で「老友記」と書かれた看板が出ています。八角の風味が効いた鴨肉のグリルは、また食べたいと思わせるおいしさ。日本語メニューもあります。

ちょっと寄り道

日曜日のお楽しみ、蚤の市めぐり

ベルリンは蚤の市天国。日曜日にはあちこちの広場で、蚤の市が開かれています。
それぞれ個性があるので、自分好みの蚤の市へ行くのが、お宝にめぐり合う秘訣です。

Boxhagener Platz
ボックスハーゲナー・プラッツ

規模、人出ともに程よく、見やすいBoxhagener Platz（ボックスハーゲナープラッツ）の蚤の市。中央の広場を囲む歩道上に、スタンドが並んでいます。雑貨や食器、家具、クリエイターの手作り作品が多く、旧東ドイツ時代の製品も比較的よく見つかります。中央の広場は公園で、疲れたらベンチでひと休みできます。周辺にはカフェやレストランも多数あります。土曜日は、食品を売る市場が立ちます。

Boxhagener Platz, 10245 Berlin
日 10:00-18:00 （地図P47）

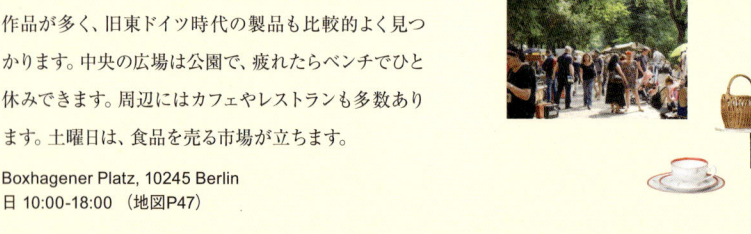

Mauerpark

マウアーパーク

ベルリンの壁跡に沿ったMauerpark（壁公園の意味）の蚤の市は、規模も人出もベルリン最大級。高級なアンティークはありませんが、掘り出し物を見つける楽しさがある蚤の市です。売っているのは古着、食器、雑貨、クリエイターの手作り作品など。フードコーナーも充実していて、まるで縁日のように、にぎやかです。

Bernauer Str. 63-64, 13355 Berlin 　（地図P28）
日 8:00-18:00 　http://www.flohmarktammauerpark.de/

Arkonaplatz

アルコーナープラッツ

マウアーパークから徒歩5分のArkonaplatz。こちらはこぢんまりとした蚤の市ですが、プロの出店者が多く、お値段は高めながら質のいいものがそろっています。時間に余裕がないときや、いいものを効率よく見つけたいなら、この蚤の市に。食器、家具、雑貨が中心のラインナップです。周囲に日曜営業のカフェもあり。

Arkonaplatz, 10435 Berlin 　（地図P28）
日 10:00-16:00 　http://www.troedelmarkt-arkonaplatz.de/

Nowkoelln Flowmarkt

ナウケルン・フローマルクト

古着や雑貨、フード屋台が楽しいのは、Nowkoelln。開催は隔週ですが、ヒップなノイケルンらしい古着や、雑貨、クリエイターの作品が集まります。フードコーナーも充実していて、タイミングが合えば本格的なパエリヤや、日本の鯛焼きを食べられるかも。運河沿いにあるので、晴れた日はそのままお散歩も気持ちいい。

Maybachufer 39-50, 12047 Berlin 　（地図P87）
隔週日 10:00-18:00（開催日はHPで確認を）　http://www.nowkoelln.de/

\ まだある！/
Charlottenburg のおすすめ

A Ottenthal spezial
オッテンタール・スペツィアール

軽食もあるパステルカラーのカフェ

高級オーストリア料理レストラン、オッテンタールが開いた、パステルカラーの小さなカフェ。軽食、ケーキ、焼き菓子などがあり、一人のランチも気軽にできる。焼き菓子のディスプレイもかわいい。

住所：Knesebeckstr. 26, 10623 Berlin
電話：030-88929266
営：木〜月 9:00-17:00　休：火・水

A Bücherbogen
ブーヒャーボーゲン

建築・アート分野の専門書が充実

建築・アート・デザインなど、クリエイティブなジャンル専門の大型書店。Sバーンの高架下にある店舗自体が、アーティスティックな雰囲気。ベルリンの写真集も豊富。

住所：Stadtbahnbogen 593, 10623 Berlin
電話：030-31869511
営：月〜金 10:00-20:00、土 10:00-18:00　休：日

A nibs cacao
ニブス・カカオ

名物チュロス＋チョコを召し上がれ

セレクトチョコレートショップとカフェが1つになった、小さなお店。名物は店内で揚げるチュロスにホットチョコレートを付ける、Chocolate con Churros。カロリーは気になるけど、ぜひ試して。

住所：Bleibtreustr. 46, 10623 Berlin
電話：030-34726300
営：月〜土 11:00-20:00、日 13:00-19:00　無休

B Café Savigny
カフェ・ザヴィーニー

深夜まで営業のエレガントなカフェ

毎日9時から深夜1時まで開いている、上品なカフェ。朝食、食事、アルコールがあり、時間帯に関わらず便利に使うことができる。もちろんお茶だけでも大丈夫。スタッフのサービスも親切。

住所：Grolmanstr. 53, 10623 Berlin
電話：0176-14435046
営：月〜日 9:00-0:00　無休

A Käthe Wohlfahrt
ケーテ・ウォルファルト

ここは1年中クリスマス

日本でも有名な1年中クリスマスのお店、ケーテ・ウォルファルトのベルリン支店。いかにもドイツらしい、伝統的なクリスマスグッズが店内にぎっしり。タックスフリーの手続きにも対応。

住所：Kurfürstendamm 225/226, 10719 Berlin
電話：09861-4090
営：月〜土 10:00-20:00、日 13:00-18:00　無休

B Philomenis
フィロメニス

イートインできるデリショップ

ショーケースに並ぶケーキやキッシュ、ギリシャ風お総菜の数々は自家製でおいしい。ナッツやドライフルーツも豊富。テイクアウトでも、店内のイートインスペースでも食べられる。

住所：Knesebeckstr. 97, 10623 Berlin
電話：030-31802507
営：月〜土 10:00-19:30　休：日

A Steiff Galerie Berlin
シュタイフ・ガレリー・ベルリン

ドイツ製ぬいぐるみの代名詞

ドイツのぬいぐるみを代表するメーカー、シュタイフ。耳に付いたタグが目印。ショップでは、おなじみのぬいぐるみ以外に、ベビー・子ども服も充実している。子どもへのおみやげにも最適。

住所：Kurfürstendamm 38/39, 10719 Berlin
電話：030-88625006
営：月〜金 10:00-20:00、土 10:00-19:00　休：日

B Arielle's Macarons Berlin
アリエルズ・マカロンズ・ベルリン

色とりどり、マカロン専門店

ここ数年で、マカロンはベルリンでもすっかりメジャーに。ここは評判がいい専門店で、1個から買えて、プレゼントに最適なボックス入りも。水曜・土曜はヴィンターフェルトの市場に出店。

住所：Schillerstr. 93, 10625 Berlin
電話：030-31102095
営：火〜日 10:00-18:00　休：土〜月

デヴィッド・ボウイが愛した街

Schöneberg

シェーネベルク

西ベルリンのシェーネベルクは、瀟洒で庶民的な住宅街。しかし朝市で有名なヴィンターフェルト広場や、東西ドイツ分断時代にアメリカのケネディ大統領が、西ベルリン市民に伝説的な演説を行ったシェーネベルク市庁舎など、見どころも豊富。散策やショッピングの中心は、ゴルツ通りと、アカーツィエン通りです。

｛主な観光スポット｝

ヴィンターフェルト広場

シェーネベルク市庁舎

聖マティアス教会

ヴィッテンベルク広場

ヴィクトリア・ルイーゼ広場

シャルロッテンブルク P115

Saigon and More
サイゴン・アンド・モア
(ベトナム料理)

Sissi
シシー
(レストラン)

【ちょっと寄り道】P110
Habibi
ハビビ (ファラフェル)

April
アプリル (レストラン)

Berkis
ベルキス
(ギリシャ料理)

エリア B

Kath. Kirchengemeinde St. Matthias
聖マティアス教会

Viktoria-Luise-Platz
ヴィクトリア・ルイーゼ広場

WIESENSTEIN
ヴィーゼンシュタイン
(ドイツ料理)

P137 Winterfeldt Schokoladen
(チョコレート) ヴィンターフェルト・ショコラーデン

P140 Café M
(カフェ) カフェエム

P136 (カフェ/雑貨) ゾルゲンフライ Sorgenfrei

P140 Der Cupcakeladen
(ケーキ) デア・カップケーキラーデン

P140 L'épicerie
レピスリー
(食品/カフェ)

P140 Hobbyshop Wilhelm Rüther
(工作材料店) ホビーショップ・ヴィルヘルム・リューター

(バー) フェニックスラウンジ Phoenix Lounge

LumpenPrinzessin4-16
(子ども服) ルンペン・プリンツェシン

(カクテルバー) サルート! Salut!

(ドレス) アヴィア・ウント・アスカ avia & amica

P140 (レディス) ミミ Mimi

(カフェ) マムゼル mamsel

Chay Village
チャイ・ヴィレッジ
(ベジタリアン料理)

P140 Tee Tea Thé
テー・ティー・テ
(茶葉/カフェ)

Gottlob
ゴットロープ
深夜1時まで開いている、きれいなカフェ・レストラン。テラス席で向かい側の教会を眺めながらのお茶もいい。

Bayerischer Platz

Goldener Stern
ゴールデナー・シュテーン
(ドイツ料理)

Flying Colors
フライングカラーズ
(スポーツショップ)

Sanga
サンガ
(インド料理)

P135 Fichu
(生地店) フィシュー

P140 Double Eye
(カフェ) ダブルアイ

Taverna Ousia
タヴェルナ・ウーシア
(ギリシャ料理)

Renger-Patzsch
レンガー・パッチュ
(ドイツ料理)

Flying Fish Sushi
フライング・フィッシュ・スシ
(寿司)

Steakhaus Argentino
ステーキハウスアルゼンチーノ
(ステーキ)

Schöneberg
シェーネベルク市庁舎

Wein und Whisky
ヴァイン・ウント・ウィスキー
(ワインショップ)

Ding Dong
ディン・ドン
(中国料理)

Hauptstr.
ハウプト通り
庶民的な店が多い、にぎやかな大通り。銀行やスーパーも。

Schöneberg

- Impala Coffee
  インパラ・コーヒー（カフェ）
- Maibach
  マイバッハ（レストラン）
- Cafe Berio
  カフェ・ベリオ
  （カフェ）
- Winterfeldtplatz
  ヴィンターフェルト広場

【ちょっと寄り道】P43
Winterfeldtplatz
ヴィンターフェルト広場

Bülowstr. U2

- Ixthys P140
  イクトゥス
  （韓国料理）

- Zoulou Bar
  ゾウロウ・バー
  （バー）

- Tuk-Tuk Indonesian
  トゥクトゥク・インドネズィアン
  （インドネシア料理）
- Petite Europe
  プチヨーロッパ
  （イタリアン）
- Göki Kitchen
  ゲーキー・キッチン
  （キオスク）

Kleistpark U7

Yorckstr. U7
Yorckstr. S1
Yorckstr. S2

→ クロイツベルク 2 P74

- die Feinbäckerei
  ディー・ファインベッケライ
  （ドイツ料理）
  P132
- La Cocotte
  ラ・ココット（フランス料理）
- Zam Zam Resutaurant
  ザム・ザム・レスタウラーント
  （アジア料理）

エリア A

Akazienstraße
アカーツィエン通り
アカーツィエン通り、ゴルツ通りよりも、ややにぎやかな雰囲気。カフェやレストランが多い。

- To Beef or not To Beef P135
  トゥ・ビーフ・オア・ノット・トゥ・ビーフ
  （肉料理）

- Cafe BilderBuch P134
  カフェ・ビルダーブーフ（カフェ）

1:10,000 200m

徒歩約15分

A Schöneberg

長年営まれてきた小さな店に、暮らす人の日常を感じて

アカーツィエン通り一帯はカフェ、レストラン、雑貨店など、感じのよい個人商店が立ち並びます。この辺りは長年続いている店も多く、常連客とお店の人が会話する光景などから、ベルリンの日常を感じられることでしょう。南下してハウプト通りまで出ると、トルコ系の店が現れ、雰囲気が変わります。ハウプト通り155番地には、デヴィッド・ボウイが76年から3年間住んでいました。

パン屋さんの面影を残すドイツ料理レストラン

die Feinbäckerei 🍴

ディー・ファインベッケライ

店名の直訳はパン屋さん。でもここは、ドイツ料理レストランなのに？ じつは、この場所は1978年までパン屋さんだったのです。まずは店内奥まで行ってみましょう。そこには客席とともに、110年ほど前の古いパン窯が。つまりこの場所が工房だったのです。その手前の、壁に写真がかかっている部屋は、パン屋さん家族の居間だったところ。そして、今ではここは、南ドイツ・シュヴァーベン地方の料理が食べられるレストラン。この地方は、シュペッツレというドイツ風パスタや、ドイツ風餃子のマウルタッシェンが名物で、日本人の口にもよく合います。ここに来ては、昔を懐かしむ年配のお客さんも多いのだとか。パン屋さんは形を変えて、今でもこの街に生き続けているのです。

店内手前のバーカウンターがある空間は、パン屋さん時代に売り場だったところ。

Vorbergstr. 2, 10823 Berlin
電話：030-81494240
交通：U7 Kleistpark
営業日：月-日 12:00-1:00
定休日：無休
予算：スープ 3.50ユーロ〜、アラカルト 8.20ユーロ〜
カード：現金のみ
http://www.feinbaeck.de/

Schöneberg

名物料理の盛り合わせ、シュヴァーベンプレート。2人前から。

約110年前のパン窯。もう使われることはないが、懐かしむ人は多い。

チーズやフルーツ、パンの朝食セット「デア・クライネ・ムック」。　　　本棚やピアノが置かれた奥の部屋は、まさに居間。

ゆっくり読書をして過ごしたい、レトロな洋間カフェ
Cafe BilderBuch ☕
カフェ・ビルダーブーフ

ビルダーブーフの外観は、気づかず通り過ぎてしまうほど、さりげないかもしれません。でも一歩中へ足を踏み入れると、外からは想像もつかない、居心地のいい空間が広がっているのです。部屋は奥と手前に分かれていて、どちらも古いソファが並び、レトロな洋間という表現がぴったり。お客さんが、古い家具を譲ってくれることもあるそうです。店内の本棚にある本は、自由に読んでかまいませんし、自分の本と交換してもいいのです。メニューは、読み物なども交えた12ページのタブロイド紙風。メルヘンチックな名前の付いた朝食は、23時まで注文可能です。そのほか2週間ごとに変わるアラカルトや、アルコール類まで。第2の居間のように、好きなように過ごせるカフェです。

歩道にテラス席もありますが、天気がいい日でも断然店内に入ることをおすすめします。

Akazienstr. 28, 10823 Berlin
電話：030-78706057
交通：U7 Eisenacher Str.
営業日：月-日 9:00-0:00
定休日：無休
予算：朝食 3.40ユーロ～、
週替わりアラカルト 10ユーロ前後
カード：Visa、Master
http://www.cafe-bilderbuch.de/

Schöneberg

牛肉か、そうでないか、部位も問題だ！
To Beef or not To Beef 🍴
トゥ・ビーフ・オア・ノット・トゥ・ビーフ

イタリア・トスカーナから取り寄せた熟成肉のステーキと、月替わりのイタリアン料理があるレストラン。牛・豚ともに、すべての部位をおいしく調理することにこだわっています。ですからステーキだけでなく、前菜で各部位を味わってみて。牛タルタルの「Sushi del Chianti」は柔らかで美味。2人前用の「Accoglienza」は、牛・豚の料理が少量ずつ盛り合わせてあり、おすすめの一品。

Akazienstr. 3, 10823 Berlin
電話：030-5499047　交通：U7 Eisenacher Str.
営業日：月－日 18:00-深夜　定休日：無休
予算：前菜 9ユーロ～、ステーキ 22ユーロ～、ハンバーガー 11.90ユーロ～　カード：Visa、Master（25ユーロ～）
http://tobeefornottobeef.de/

カジュアルな雰囲気の店内で、牛・豚肉の多彩なおいしさを体験してみて。週末は混み合うので、予約をするのが確実です。

アンティーク天然繊維生地のみを扱う、隠れた名店
Fichu 🛍
フィシュー

扉を開けると驚くかもしれません。何せ天井まで積まれた生地で、足の踏み場がなく、先も見えないのですから。しかしここは1910～71年までの高品質天然繊維の生地のみを揃え、外国からの来客もあるお店なのです。同時代のボタンもあり、どれもエレガントなデザイン。昔の生地だけ扱うのは、その時代の質がよかったから。そこに、創業86周年を迎えた名店のこだわりを感じます。

Akazienstr. 21, 10823 Berlin
電話：0176-77413998
交通：U7 Eisenacher Str.
営業日：月・水－金 14:00-18:00、火 15:00-18:00、
土 11:30-15:00　定休日：日
カード：現金のみ

山積みの生地に埋もれそうになりながら、お気に入りを探すわくわく感がたまりません。戦前～戦後のシックなデザインに、きっと刺激を受けると思います。

B Schöneberg

個性豊かな通りを道なりに行けば、ノーレンドルプラッツはすぐ

ゴルツ通りは、アカーツィエン通りをそのまま北上すると続く道です。アカーツィエン通り同様、カフェや雑貨店などの個人商店が続いています。さらにお店の続くマーセン通りを北上すれば、ノーレンドルフプラッツ駅。この辺りは同性愛者が多いエリアです。もしお店の入り口に、虹色の旗の小さなシールが貼られていたら、それは同性愛者歓迎の目印。もちろん誰でも入店ウェルカムです。

優しくかわいいドイツ50〜60年代でお茶を

Sorgenfrei ☕
ゾルゲンフライ

1950〜60年代のヴィンテージ雑貨とカフェが一つになったお店。当時のドイツ雑貨のデザインは、優しいパステルカラーと、丸みを帯びた形で愛らしさにあふれています。カフェは、自家製ケーキや軽食などがあり、もちろんインテリアも50〜60年代で統一。カフェの奥に2つある雑貨ルームだけ見ても、お茶だけでも。ドイツのミッドセンチュリーに浸ってください。

Goltzstr. 18, 10781 Berlin
電話：030-30104071
交通：U7 Eisenacher Str.
営業日：火〜金 12:00-19:00、土 10:00-18:00、日 13:00-18:00　定休日：月
カード：現金のみ

昔、肉屋さんだった時代にあったヴィレロイ＆ボッホ製のきれいなタイルがそのまま残り、店内のインテリアと溶け合っています。雑貨は食器から家具まで。

Schöneberg

薬局時代の棚に、歴史を感じます。

歴史的な場所で、チョコレートの甘い夢を
Winterfeldt Schokoladen
ヴィンターフェルト・ショコラーデン

チョコレート好きさんなら、このお店は見逃せません。オリジナルの板チョコを始め、「AMEDEI」や「Domori」、「Zotter」など、世界の有名ブランドと、オリジナルのチョコレートが一堂に集まっています。チョコレートがディスプレイされている堅牢な什器が、また素敵。ここは文化財保護指定されている古い薬局だった場所で、什器も薬局時代のものを受け継いでいるのです。売り場の奥は、カフェコーナー。ここにも古い棚に昔の薬品瓶が並び、ミュージアムのよう。テーブルごとに一つずつ異なるシュガーポットもヴィンテージです。おすすめは、なんといってもホットチョコレート（ココア）。低脂肪ミルクや豆乳でも作ってくれます。歴史的な雰囲気の中で、ほんのり甘いひとときを。

ほどよい甘さのホットチョコレート。リューデスハイム地方のカップが、またかわいい。

Goltzstraße 23, 10781 Berlin
電話：030-23623256
交通：U1 U2 U3 U4 Nollendorfplatz
営業日：月〜金 9:00-20:00、
土・日 9:00-18:00　定休日：無休
予算：ホットチョコレート 2ユーロ〜、
カプチーノ 2ユーロ〜
カード：Visa、Master、Amex
http://www.winterfeldt-schokoladen.de/

column

過去とつながる街歩き

旅先で目的もなくさまよううちに、見知らぬものが目に入ってきませんか？「これは何？」と思って調べると、そこから歴史が見えてきて、街にもっと近づけることがあります。私はそんな街歩きが大好きです。

ベルリンにも「これは何？」と気になるものがいくつもあります。代表的なのは躓きの石でしょう。歩道に埋め込まれている金色のプレートです。これはナチス政権時代に犠牲となった人々を記憶にとどめるために、グンター・デムニッヒというアーティストが始めたプロジェクトで、表面には犠牲者の名前や生年、亡くなった場所が刻まれています。名を刻まれた人が、プレートが埋まった場所でかつて暮らし、その後ナチスによって亡くなったという事実を、歩くたびに意識させられます。

地味な存在ながら、私が気になったのが馬車の車輪よけ。アパートの玄関の左右内側に、くるんと張り出した物体です。最初は単なる装飾かと思っていたのですが、これは馬車が入り口を入る際に、車体が建物にぶつかるのを避けるために付けられたものでした。ベルリンのアパートの多くは、アルトバウといい、19世紀後半から20世紀初頭に建てられたもの。当時は馬車が現役だったことが、この物体からわかります。ちなみに、玄関の通路は中庭につながっていて、そこに厩舎が残っている例もあります。今は馬の代わりに、自転車や大きな道具が入っていて、時の流れを感じます。

旧東ベルリン地区限定の気になるものといえば、ゴールデンナンバープレート。ベルリン市の紋章である熊の絵とともにGoldene Hausnummer と書かれたプレートがそれ。これは80年代に、アパート周辺の美化を住人たちが自ら行い、特に優秀だったアパートに対して東ドイツから贈られたもの。どことなく社会主義を思わせるエピソードです。

街角にある何気ないものは、すべて過去の人々の考えや暮らしにつながっています。そんなことに思いを馳せるのも、街歩きの楽しみではないでしょうか。

139

\ まだある！ /
Schönebergのおすすめ

A ☕ Double Eye
ダブルアイ

地元の超人気コーヒーショップ

本格派エスプレッソを飲めるコーヒーショップとして、シェーネベルク地区にいち早くオープンして以来、常に人気の店。オーナーのアルノさんは、数々のコンテストで受賞歴がある。

住所：Akazienstr. 22, 10823 Berlin
電話：0179-4566960
営：月ー木 8:15-18:15、土・金 9:15-17:45　休：日

B ☕ Tee Tea Thé
テー・ティー・テ

優雅なティーサロン&ショップ

紅茶から緑茶までの茶葉を販売するショップ&ティーサロン。店内では朝食や軽食、3段トレイに盛られたハイティーを楽しめる。もちろんコーヒーもあるので、コーヒー派も来店を。

住所：Goltzstr. 2, 10781 Berlin
電話：030-21752240
営：月ー土 9:00-19:00、日 10:00-19:00　無休

B ☕ Café M
カフェエム

カルトな人気を誇ったカフェ

一見何気ないたたずまいながら、79年のオープンからシェーネベルク地区のシーンを牽引してきた、伝説的な存在のカフェ。各種アルコール、カクテルがあり、夜はバーの雰囲気。

住所：Goltzstr. 33, 10781 Berlin
電話：030-2167092
営：月ー日 8:00-2:00　無休

B 🎩 Mimi
ミミ

優雅なアンティークテキスタイル

1850〜1950年のアンティークテキスタイルと服を扱うお店。同時代のバッグやアクセサリーもある。店内にいると、まるで映画のワンシーンに入り込んだような気分に。アンティークファンならぜひ。

住所：Goltzstr. 5, 10781 Berlin
電話：030-23638438
営：月ー金 12:00-19:00、土 11:00-16:00　休：日

B 🎨 Hobbyshop Wilhelm Rüther
ホビーショップ・ヴィルヘルム・リューター

手作り派必見の超充実ホビー材料店

手芸用品、画材、文具、紙ものなど、手芸やホビーに関する材料や道具が何でも揃うお店。狭い通路の左右に商品が隙間なく埋まる、昔ながらのお店といった風情で、楽しい。お隣にも支店がある。

住所：Goltzstr. 37, 10781 Berlin
電話：030-2363683
営：月ー金 10:00-19:00、土 10:00-16:00　休：日

B 🧁 Der Cupcakeladen
デア・カップケーキラーデン

すみれ色のカップケーキカフェ

豊富な種類のカップケーキがそろったショップ&カフェ。カップケーキはビーガンやラクトース（乳糖）フリーの製品もある。店内はすみれ色にペイントされ、かわいらしい雰囲気。

住所：Frankenstr. 15, 10781 Berlin
電話：030-91571354
営：火ー土 11:00-18:00、日 13:00-18:00　休：月

B 🫙 L'épicerie
レピスリー

フランスの食品&ビストロ

ブルターニュやノルマンディー地方から取り寄せた食品と、日替わりのフレンチ軽食を楽しめる、ショップ兼ビストロ。パンやタルトもおいしい。インテリアもどことなくフレンチなテイスト。

住所：Kyffhäuserstr. 21, 10781 Berlin
電話：030-30023068
営：月ー日 10:00-20:00　無休

B 🍽 Ixthys
イクトゥス

石焼きビビンバがおすすめ

今ほど韓国料理が知られていなかった時期から人気のお店。カジュアルな食堂という雰囲気で、壁面には聖書のことばがびっしりと書かれている。料理はどれも本格的で、石焼きビビンバは特におすすめ。

住所：Pallasstr. 21, 10781 Berlin
電話：030-81474769
営：月ー土 12:00-22:00　休：日

西ベルリン住宅街のエレガントに出会う

Wilmersdorf

ヴィルマースドルフ

ヴィルマースドルフは、落ち着いた余裕のある人々が多く住むエリアです。シャルロッテンブルクに比べるとより住宅街なので、ツーリストが行く機会は少ないかもしれません。特に観光スポットはありませんが、東ベルリンとは異なる、西ベルリンの日常を覗いてみたい方は、ここを散策してみるといいと思います。

{ 主な観光スポット }

ウーラント通り
ベルリーナーフェストシュピール
ヴィルマースドルフ市民公園
プロイセン公園

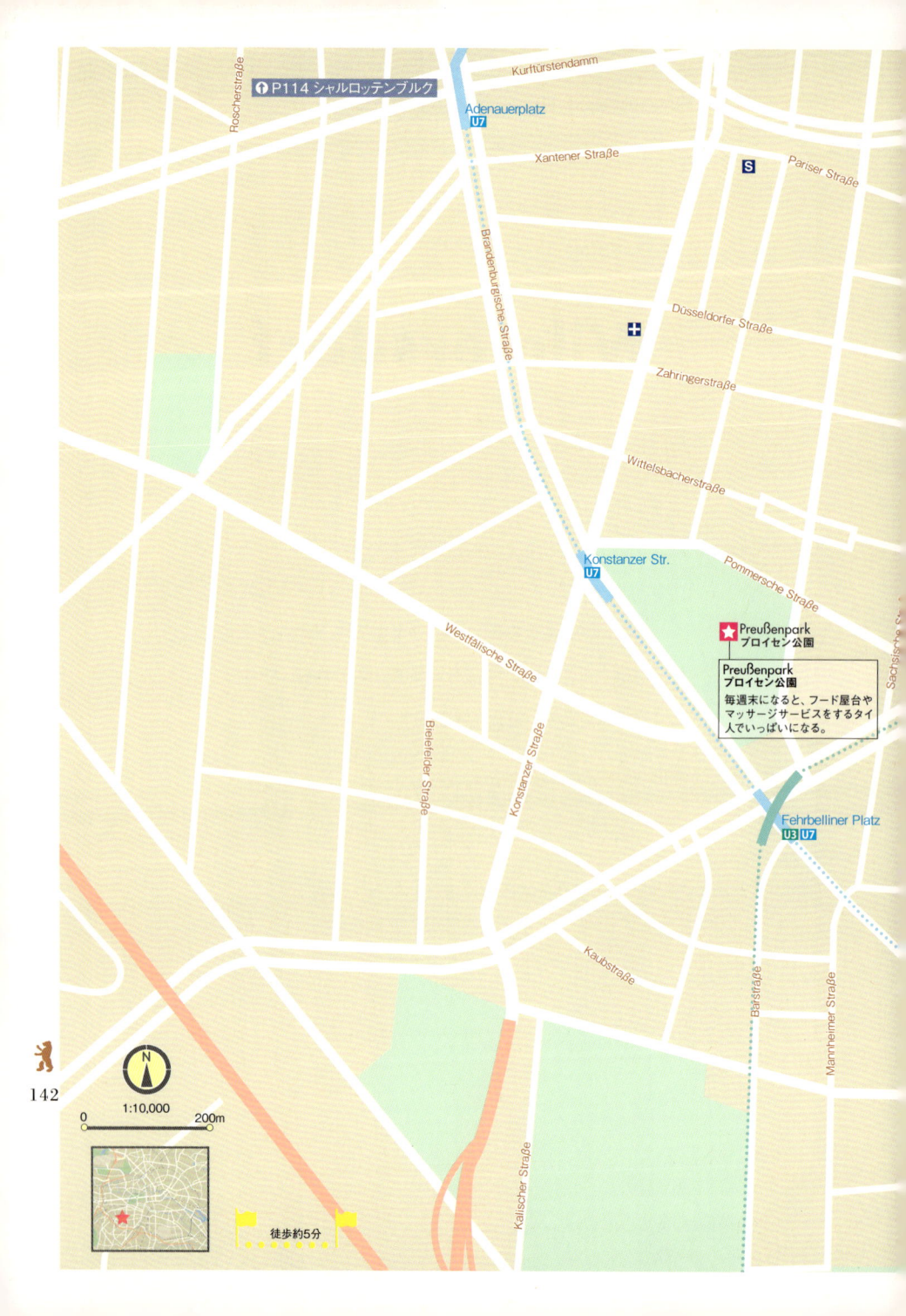

P114 シャルロッテンブルク

Kurfürstendamm
Roscherstraße
Adenauerplatz U7
Xantener Straße
Pariser Straße
Brandenburgische Straße
Düsseldorfer Straße
Zähringerstraße
Wittelsbacherstraße
Konstanzer Str. U7
Pommersche Straße
Sächsische Str.
★ Preußenpark
プロイセン公園

Preußenpark
プロイセン公園
毎週末になると、フード屋台やマッサージサービスをするタイ人でいっぱいになる。

Westfälische Straße
Bielefelder Straße
Konstanzer Straße
Fehrbelliner Platz U3 U7
Kaubstraße
Barstraße
Mannheimer Straße
Kallischer Straße

1:10,000 200m

徒歩約5分

Wilmersdorf

エリア A

- Sweet2go P150 (アイス/ケーキ) スウィート・トゥ・ゴー
- Bio Company ビオ・カンパニー (オーガニック)
- Spice India スパイス・インディア (インド料理)
- Besenwirtschaft P147 ベーゼンヴィルトシャフト (ワインバー)
- I-Ke-Su (寿司) イケス
- Hamlet ハムレット (独仏料理)
- Berliner Festspiel ベルリナーフェストシュピール
- Tillmann P147 ティルマン (ケーキ/パン)
- Ottenthal Kaffeehaus (カフェ) オッテンタール・カフェハウス
- Filetstück フィレシュテュック P146 (ステーキ)
- Alpenstueckle P144 アルペンシュテュックレ (食品/カフェ)
- home and hair ホーム・アンド・ヘアー (インテリア雑貨)
- can cún カンクン (メキシコ料理)
- Grüne Lampe グリューネ・ランペ (ロシア料理)
- Uhlandstraße ウーラント通り
- Gerhart-Hauptmann-Anlage ゲルハルト・ハウプトマン公園 ノーベル賞受賞の劇作家の名前を冠した公園。芝生では野ウサギを見かけることが多い。
- P150 ColedamPfs コールダンプフス (キッチン道具)
- Okiniiri オキニイリ (寿司)
- Tian Fu P150 ティアン・フー (四川料理)
- P150 Daruma ダルマ (和食)

Ludwigkirchplatz ートヴィヒ教会広場 …前の、子どもたちが遊…場。周囲にはカフェ・…ストランが立ち並ぶ。

エリア B

- シェーネベルク P130
- Heise Original Bunzlau Keramik ハイゼ・オリギナール・ブンツラウ・ケラーミック (陶器) P149
- Spielvogel シュピールフォーゲル (おもちゃ)
- P150 Zimt & Zucker (カフェ) ツィムト・ウント・ツッカー
- P150 bouclé (毛糸) ブークレ
- Witwe Bolte ヴィトヴェ・ボルテ (ドイツ料理)
- Magazzino マガヅィーノ (レディス)
- Steinecke シュタインエッケ (パン/カフェ)
- Samrat サムラート (インド料理)
- Non Solo Vini (イタリアン/食品) ノン・ソロ・ヴィニ
- Taverna Hellas タヴェルナ・ヘラス (ギリシャ料理)
- Leib und Seele ライブ・ウント・ゼーレ
- Co mo コモ (ベトナム/寿司)
- Nea Knosso ネア・クノッソ (ギリシャ料理)
- Ars Vivendi アルス・ヴィヴェンディ (イタリアン)
- Bio Backhaus ビオ・バックハウス (パン)
- A Telha ア・テルハ (スペイン、ポルトガル料理)
- Formaggino フォルマッジーノ (チーズ)
- P148 Melisande (ガラス雑貨) メリザンデ
- Bellwinkel P150 ベルヴィンケル (食品)
- Restaurant Gasteiner レストラン・ガシュタイナー (ドイツ料理)
- Tian-Fu Food ティアン・フー・フード (アジア食品)
- Yoko Sushi ヨーコ・スシ (寿司)
- Weichardt P150 ヴァイヒャルト (パン)
- Volkspark Wilmersdorf ヴィルマースドルフ市民公園

Pariser Str. パリーザー通り Ludwigkirchplatz より西側にも、感じのいい店がそろっている。散策にいいストリート。

143

A Wilmersdorf

マダム御用達のブティックから、気軽にお茶できるカフェまで

北側はシャルロッテンブルク地区と隣接しているので、そこからのにぎわいがウーラント通りに沿ってこのエリアまで続いています。聖ルートヴィヒ教会の周辺には、上品なお店がたくさん。ウィンドウショッピングを楽しみながらの散策には、ウーラント通り、パリーザー通りを中心に回るといいでしょう。高級店だけでなく、庶民的なお店もちゃんと存在しています。

小さなカフェで味わう手作りケーキと南ドイツ料理

Alpenstueckle
アルペンシュテュックレ

愛らしいバンビのロゴが目印の、アルペンシュテュックレ。ミッテ地区で南ドイツ料理レストランやパン屋さんを展開する、アルペンシュテュックの支店です。中はテーブルが5つの小さなお店ですが、日替わりも含めたランチメニューに朝食セット、ケーキにパン、アルコール類と、メニューは充実しています。もちろんすべて自家製で、添加物不使用。ケーキやパンは、ミッテ地区の工房から、毎日焼きたてが届けられます。「うちのケーキは、おばあちゃんの手作り風。素朴で、クリームで飾ったりはしないんです」と、南ドイツ出身のオーナー、シュミートさん。それがここの魅力だと思います。南ドイツの味を日本へ持ち帰るなら、自家製シロップやジャムの瓶をトランクに忍ばせて。

自宅で手軽に食べられる、スープ類などのデリのテイクアウトも人気とか。

Ludwigkirchstr. 3, 10719 Berlin
電話：030-88922255
交通：U1 Uhlandstr.,
U3 U9 Spichernstr.
営業日：月-金 8:30-19:00、
土・日 8:30-17:00　定休日：無休
予算：朝食 1.40ユーロ〜、
ケーキ 2.40ユーロ　カード：現金のみ
http://alpenstueck.de/

Wilmersdorf

A

ケーキは毎日約24種、キッシュは8〜12種がショーケースに。

アーチ状の窓と、バンビの看板が目印。

アイリッシュ・フィレ（上）とドイツ・ボンメルン地方のアントルコート。　　お店で提供している牛肉は、買って帰ることも可能。

5種類の肉から選べる極上ステーキレストラン
Filetstück 🍴
フィレシュテュック

お肉のおいしさをいちばん素直に味わうなら、やっぱりステーキではないでしょうか。過剰な味付けをせず、シンプルに焼いたステーキは、肉への敬意を払った調理法だと思います。そこで問われてくるのは、肉の質。このフィレシュテュックでは、選び抜いた5種類の牛肉があり、いずれも3〜4週間、またはそれ以上熟成させています。それぞれ独自の個性があるので、自分の好みに合ったものを。繊細で柔らかな肉なら2種類あるフィレから、しっかりした肉の味わいが好みなら2種類あるアントルコート（リブロース、サーロイン）から選ぶのがおすすめ。そのほか600gの豪快なTボーンステーキもあります。食べ物への感謝を胸に、おいしいワインとともにいただきましょう。

ミディアムに焼いたアイリッシュ・フィレを、シャンデリアの光きらめく店内で。

Uhlandstr. 156, 10719 Berlin
電話：030-54469640
交通：U1 Uhlandstr.、U3 U9 Spichernstr.
営業日：月〜土 12:00-15:00、18:00-23:00（予約推奨）　定休日：日
予算：ランチ 15ユーロ、コース 65ユーロ〜
カード：Visa, Master, Amex
http://www.filetstueck-berlin.de/

Wilmersdorf

白も赤も。南ドイツのとっておきワイン
Besenwirtschaft
ベーゼンヴィルトシャフト

ベーゼンヴィルトシャフトとは本来、南ドイツ・ヴュルテンベルク地方のワイン農家が、自家製ワインを出すために年間で一定期間のみ開ける飲み屋。でもここは主にヴュルテンベルクにあるハイルブロン近郊のワインをそろえて、通年営業しています。主流は辛口白ですが、かなり力強い味の赤もあり、ドイツワインの新たな面に触れられます。0.1ℓグラスから頼めるのも魅力的。

Uhlandstr. 159, 10719 Berlin
電話：030-8811623　交通：U1 Uhlandstr.
営業日：月-日 18:00-02:00　定休日：無休
予算：グラスワイン 2.10ユーロ〜、スープ 3ユーロ〜
カード：現金のみ
http://www.besenwirtschaft-berlin.de/

本場ヴュルテンベルク地方で一定期間だけ開けるベーゼンヴィルトシャフトは、期間中にホウキを立てて目印に。ここでも注意深く探すとホウキが。

素材はすべてビオ。ごまかしのない真のおいしさ
Tillmann
ティルマン

ビオ（オーガニック）素材のみを使った、イートインもできるケーキ＆パン屋さん。一般的にはビオが常においしいとは限りませんが、ここは本当においしいです。ケーキは白砂糖のきつさがなく、食材そのものの持つ優しくて濃い味が、しっかりと生かされています。ディンケル（スペルト小麦）生地のケーキとパンもお試しを。ビオスーパーの「BIO COMPANY」、「LPG」でも買えます。

Ludwigkirchstr. 14, 10719 Berlin
電話：030-88628882
交通：U3 U9 Spichernstr.
営業日：月-金 7:00-19:00、土 8:00-14:00、日 9:00-13:00
定休日：無休　カード：現金のみ
http://www.tillmannkonditorei.de/

夏はフルーツたっぷり、冬はチョコレートやナッツを使ったケーキが中心です。ケーキに使われている食材は、HPなどですべて確認できて良心的。

B Wilmersdorf

地元民の住まいを眺め歩けば、地域に愛されるお店に出会える

大通りのホーエンツォレルンダム通りから南側は、より住宅街の色が濃くなります。ショッピング目的に行くところではありませんが、一般的な住宅街を見てみるには、いいエリアです。ウーラント通り、ホルシュタイニッシェ通り、ギュンツェル通りには、地元民が通う個人オーナーのお店が点在。都会ながら緑が多いので、運がよければ路上でリスやウサギに出会えることも。

一つずつ異なるガラスのニュアンスを感じて

Melisande
メリザンデ

シューズメーカーで働いていたクナッペさんが、2013年に念願を叶えて開いた、ガラス製品と雑貨のお店。デンマーク製を中心に、ドイツ、フランス、イタリア、チェコ製のガラス製品がキラキラ輝く店内にいると、ひと口にガラスといっても、いくつもの表情を持っていることがわかります。ガラス製品は割れそうで心配という方は、キッチンクロスや貯金箱などはいかが。

Holsteinische Str. 19, 10717 Berlin
電話：030-25099460
交通：U3 Hohenzollernplatz
営業日：火－金 10:00-18:30、土 10:00-15:00　定休日：日・月
カード：Visa、Master
http://melisande-glas.de/

ランプシェードなどのインテリアグッズから、タッパーなどのキッチンウェアまで、ガラス製品が集合。頻繁に変わるウィンドウディスプレイも素敵。

Wilmersdorf

花瓶など、テーブルウェア以外の品もいろいろ。

深い青と水玉のような円形模様が、ブンツラウ陶器の定番柄。

素朴で実用的な、ブンツラウ生まれの陶器
Heise Original Bunzlau Keramik
ハイゼ・オリギナール・ブンツラウ・ケラーミック

ブンツラウ陶器とは、現在はポーランド領となった旧ドイツ・ブンツラウという町で生まれた陶器のこと。スポンジのスタンプを使った円形模様が特徴で、今もドイツ国内で生産が続いています。ハイゼは、ブンツラウ陶器メーカーの一つ。旧ブンツラウに近い町にある工房で作られた品を、ここで直売しています。丹精に描かれた柄は、一つひとつが手描き。典型的な円形模様だけでなく、花柄やリンゴ柄、クリスマス柄など多彩で、アイテムもいろいろ。選ぶのに迷ってしまいます。デザインが愛らしいだけでなく、食洗機やレンジ、オーブンにも使用できて、とっても実用的。印象的な深い青は、和食にもよく合いそうです。毎日の食卓に活躍すること、間違いありません。

小皿、カップといった定番商品から、バターケースやチーズケースなど、ドイツらしい製品も。

Hohenzollerndamm 197, 10717 Berlin
電話：030-8732957
交通：U3 Hohenzollernplatz
営業日：月-金 10:00-18:00、
土 10:00-13:00　定休日：日
カード：Visa、Master
https://original-bunzlauer-keramik.de

\まだある！/
Wilmersdorfのおすすめ

A Coledampfs
コールダンプフス

世界の一流調理器具と食器

ドイツの一流メーカーをはじめとする、世界の調理器具と食器をセレクトしたお店。ワインオープナーなど、ドイツらしいおみやげ探しにも最適。日本では見たことのない商品を見つけられるかも。

住所：Uhlandstr. 54-55, 10719 Berlin
電話：030-8839191
営：月ー金 10:00-20:00、土 10:00-16:00　休：日

B Zimt & Zucker
ツィムト・ウント・ツッカー

古いリビングの雰囲気でお茶を

ゆったりとしたソファや古い木のテーブルが並ぶ、リビングルームのような雰囲気のカフェ。朝食やランチ、ケーキがある。この辺りには落ち着いたカフェがないので、ひと休みしたいときに重宝。

住所：Trautenaustr. 12, 10717 Berlin
電話：030-22689539
営：毎日 10:00-19:00　無休

A Daruma
ダルマ

日本の味が恋しくなったら行くお店

日本人夫妻による、和食レストラン。お弁当やカツ丼、うどんなど、日本でおなじみの料理が食べられるのがうれしい。値段も良心的で、サービスも丁寧で細やか。日本の食品も販売している。

住所：Uhlandstr. 61, 10719 Berlin
電話：030-8736131　営：火ー金 12:00-20:00、土 12:00-18:00　休：日・月

B Bellwinkel
ベルヴィンケル

楽しい食周りのセレクトショップ

ちょっと特別感のある食品、食周りの雑貨、レシピ本、料理教室、ケータリングと、食周りのすべてを扱う専門店。特に目的はなくても、覗いているとおもしろい。ウィンドウディスプレイも素敵。

住所：Güntzelstr. 46, 10717 Berlin
電話：030-86396686
営：月ー金 10:00-19:00、土 10:00-14:00　休：日

A Tian Fu
ティアン・フー

火鍋がおすすめ、四川料理レストラン

辛さが身上の四川料理レストラン。ここのおすすめは、2種類のスープで海鮮や野菜をいただく火鍋料理。同じヴィルマースドルフのBerliner Str.15にも支店とアジア食品スーパーがある。

住所：Uhlandstr. 142, 10719 Berlin
電話：030-8613015　営：月ー金 12:00-15:30/17:30-23:30、土・日 12:00-23:00　無休

B bouclé
ブークレ

きれいな色の毛糸がそろう

根強い人気がある編み物。ここは高品質の毛糸を扱う専門店で、店内の棚には色鮮やかな毛糸玉が種類別にディスプレイされている。編み物教室も開催。夏季は、月曜の営業時間が12時からになる。

住所：Nassauische Str. 11-12, 10717 Berlin
電話：030-81853014　営：月火木金 11:00-19:00、水 11:00-16:00、土 11:00-15:00　休：日

A Sweet2go
スウィート・トゥ・ゴー

子どもたちが大好きなアイスとケーキ

聖ルートヴィヒ教会広場の向かい側にある、いつも子どもたちで大にぎわいの店。夏はビオのミルクで作った自家製アイスが大人気。店内ではケーキやマフィンなどのスウィーツを提供している。

住所：Pfalzburger Str. 79, 10719 Berlin
電話：030-53051519　営：毎日 11:00-21:00（夏期）、11:00-20:00（冬期）　無休

B Weichardt
ヴァイヒャルト

元祖・ベルリンのビオパン屋さん

創業35年以上の、ベルリンのビオ（オーガニック）パン屋さん。ビオの中でも最も厳しいデメターブランド素材を使用し、粉は店内で挽いている。北ドイツらしいライ麦（Roggen）を使ったパンがおすすめ。

住所：Mehlitzstr. 7, 10715 Berlin
電話：030-8738099
営：月ー金 7:30-18:30、土 7:30-14:00　休：日

einfaches Deutsch ～簡単なドイツ語～

外国人のツーリストも居住者も多いベルリンでは、ほぼ問題なく英語が通じます。外国人には、最初から英語で話しかけてくるドイツ人も多いです。もし英語がある程度できるのであれば、こちらから英語で話しかけてかまいません。それでも挨拶程度はドイツ語で言えばドイツ人は喜びますし、和やかな雰囲気になることもあります。ドイツ語は、ここに併記しているカタカナ通りにはっきりと言えば、比較的よく通じます。発音は難しくありません。旅行時に使う最重要単語は、挨拶。「ハロー」「ダンケ」「ビッテ」「チュース」「ソーリー」、まずはこの5つさえ頭に入れておけば、きっとスムーズな街歩きができますよ。

基本の挨拶

おはよう／こんにちは／すみません（人に呼びかけるとき）
Hallo
ハロー

ありがとう
Danke！
ダンケ

どうぞ／どういたしまして
Bitte
ビッテ

はい／いいえ
Ja ／ Nein
ヤー ／ ナイン

すみません
Sorry
ソーリー

おいしい！
Lecker！
レッカー

さようなら
Tschüs
チュース

街歩きで

〜はどこですか？
Wo ist 〜？
ヴォー イスト〜

駅
der Bahnhof
デア・バーンホーフ

ATM
ein Geldautomat
アイン・ゲルトアオトマート

スーパー
ein Supermarkt
アイン・ズーパーマルクト

両替所
eine Wechselstube
アイネ・ヴェクセルシュトゥーベ

薬局
eine Apotheke
アイネ・アポテーケ

写真を撮ってもいいですか？
Darf ich hier fotografieren？
ダルフ・イッヒ・ヒア・フォトグラフィーレン？

ここから一番近くの駅はどこですか？
Wo ist der nächste Bahnhof?
ヴォー・イスト・デア・ネヒステ・バーンホーフ？

いま何時ですか？
Wie spät ist es?
ヴィー・シュペート・イスト・エス？

ここへ行きたいんです。
（地図などを指しながら）
Ich möchte dorthin.
イッヒ・メヒテ・ドルトヒン

お店で

〜がほしいのですが
Ich hätte gerne 〜
イッヒ・ヘッテ・ゲルネ〜

これを見せてもらえますか？
Können Sie mir das zeigen?
ケネン・ズィー・ミア・ダス・ツァイゲン？

試着していいですか？
Kann ich das anprobieren?
カン・イッヒ・ダス・アンプロビーレン？

おいくらですか？
Was kostet das?
ヴァス・コステット・ダス？

おつりは結構です。
Stimmt so.
シュティムト・ゾー

レシートをください。
Den Kassenbon, bitte.
デン・カッセンボン・ビッテ

（買うものを決めて）これにします。
Ich nehme es.
イッヒ・ネーメ・エス

クレジットカードで払えますか？
Kann ich mit Kreditkarte zahlen?
カン・イッヒ・ミット・クレディートカルテ・ツァーレン？

レストランで

（メニューをさしながら）これにします。
Ich nehme das.
イッヒ・メーネ・ダス

英語のメニューはありますか？
Haben Sie eine Speisekarte auf Englisch?
ハーベン・ズィー・アイネ・シュパイゼカルテ・アウフ・エングリッシュ？

どのくらい時間がかかりますか？
Wie lange duert es?
ヴィー・ランゲ・ダオアート・エス？

トイレはどこにありますか？
Wo ist eine Toilette?
ヴォー・イスト・アイネ・トァレッテ？

（ワインやビールなどを）もう一杯ください
Noch ein Glas, bitte.
ノッホ・アイン・グラース・ビッテ

おいしかったです！
Das war Lecker!
ダス・ヴァー・レッカー

お会計をお願いします。
Zahlen, bitte.
ツァーレン・ビッテ

〜の名前で予約しています。
Ich habe eine Reservierung auf 〜.
イッヒ・ハーベ・アイネ・レゼルヴィールング・アウフ〜

（何かをすすめられて）いいえ、けっこうです。
Nein, danke
ナイン・ダンケ

（会計の際に）一緒で／別々の会計でお願いします。
Zusammen bitte. / Getrennt bitte.
ツザメン・ビッテ ／ ゲトレント・ビッテ

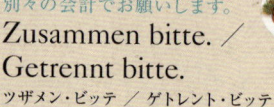

（トイレ）女性用／男性用
Damen ／ Herren
ダーメン ／ ヘレン

ホテルで

チェックインしたいのですが (チェックアウト)
Ich möchte einchecken. (abreisen)
イッヒ・メヒテ・アインチェッケン (アップライゼン)

私の名前は〜です。
Mein Name ist 〜 .
マイン・ナーメ・イスト〜

英語を話せる方はいらっしゃいますか？
Spricht jemand Englisch?
シュプリヒト・イェマント・エングリッシュ？

タクシーを呼んでくださいますか？
Können Sie mir ein Taxi rufen?
ケネン・ズィー・ミア・アイン・タクスィー・ルーフェン

国際電話をかけたいのですが。
Ich möchte ins Ausland anrufen.
イッヒ・メヒテ・インス・アオスラント・アンルーフェン

部屋でインターネットは使えますか？
Kann ich im Zimmer Internet benutzen?
カン・イッヒ・イム・ツィンマー・インターネット・ベヌッツェン？

パスワードは必要ですか？
Benötige ich ein Passwort?
ベネーティゲ・イッヒ・アイン・パスヴォルト？

朝食はついていますか？
Ist das Zimmer mit Frühstück?
イスト・ダス・ツィンマー・ミット・フリューシュテュック？

朝食は何時からですか？
Ab wie viel Uhr kann ich frühstücken?
アップ・ヴィー・フィール・ウーア・カン・イッヒ・フリューシュテュッケン？

バスタブ付きの部屋はありますか？
Haben Sie ein Zimmer mit Badewanne?
ハーベン・ズィー・アイン・ツィンマー・ミット・バーデヴァンネ？

ドイツのホテルでは、バスルーム付きの表示でも、シャワーのみの場合が主流。バスタブはバーデヴァンネといいます。

トラブルで

〜 をなくしました。
Ich habe 〜 verloren.
イッヒ・ハーベ〜フェアローレン

パスポート
den Pass
デン・パス

財布
das Portmonee
ダス・ポルトモネー

カバン
die Tasche
ディー・タッシェ

ノートパソコン
den Laptop
デン・ラップトップ

鍵
den Schlüssel
デン・シュリュッセル

携帯電話
das Handy
ダス・ヘンディ

(体の不調などで) ここが痛いです。
Ich habe hier Schmerzen.
イッヒ・ハーベ・ヒア・シュメルツェン

病院に行きたいのですが。
Ich muss zum Arzt.
イッヒ・ムス・ツム・アーツト

ジャンル別索引

🍴 レストラン、バー

18	Lebensmittel in Mitte	ドイツ料理	ミッテ
24	DUDU	寿司	ミッテ
25	Pauly Saal	ドイツ料理／バー	ミッテ
26	Bar 3	バー	ミッテ
26	ULA berlin	和食	ミッテ
26	Transit	アジア料理	ミッテ
26	Katz Orange	インターナショナルレストラン	ミッテ
34	Leibhaftig	ドイツ料理	プレンツラウアーベルク
35	imbiss204	ドイツ料理	プレンツラウアーベルク
41	Oderquelle	ドイツ料理	プレンツラウアーベルク
44	Sorsi e Morsi	ワインバー	プレンツラウアーベルク
44	Pfefferbräu	ビールレストラン	プレンツラウアーベルク
44	Maierei	カフェレストラン	プレンツラウアーベルク
48	Schneeweiß	創作料理	フリードリヒスハイン
52	Hops & Barley	ビールバー	フリードリヒスハイン
62	Flux Bau	食堂	クロイツベルク1
69	Gallina Vineria Bar	ワインバー	クロイツベルク1
72	Hasir	トルコ料理	クロイツベルク1
84	ø	ドイツ料理	クロイツベルク2
84	Good Morning Vietnam	ベトナム料理	クロイツベルク2
90	Sauvage Paleothek	古代料理	ノイケルン
100	Twinpigs	カクテルバー	ノイケルン
107	Vagabund Brauerei	ビールバー	ヴェディング
108	ExRotaprint Kantine	食堂	ヴェディング
112	Korea Haus	韓国料理	ヴェディング
112	Asia Deli	中華料理	ヴェディング
112	Da Baffi	イタリアン	ヴェディング
120	Zillemarkt	ドイツ料理	シャルロッテンブルク
122	Grosz	カフェレストラン	シャルロッテンブルク
125	Good Friends	中華料理	シャルロッテンブルク
132	die Feinbäckerei	ドイツ料理	シェーネベルク
135	To Beef or not To Beef	肉料理	シェーネベルク
140	Ixthys	韓国料理	シェーネベルク
146	Filetstück	ステーキ	ヴィルマースドルフ
147	Besenwirtschaft	ワインバー	ヴィルマースドルフ
150	Tian Fu	四川料理	ヴィルマースドルフ
150	Daruma	和食	ヴィルマースドルフ

☕ カフェ

30	No fire, No glory	カフェ	プレンツラウアーベルク
44	Shakespeare and Sons	カフェ／書店	プレンツラウアーベルク
44	Godshot	カフェ	プレンツラウアーベルク
44	The Barn Roastery	カフェ	プレンツラウアーベルク
51	Homemade	カフェ	フリードリヒスハイン
53	Aunt Benny	カフェ	フリードリヒスハイン
58	Silo	カフェ	フリードリヒスハイン
58	Goodies	カフェ	フリードリヒスハイン
68	eliza	カフェ／雑貨	クロイツベルク1

71	KaffeeBar Jenseits des Kanals	カフェ	クロイツベルク1
72	Kaffee Kirsche	カフェ	クロイツベルク1
72	Gipfeltreffen	カフェ	クロイツベルク1
79	Brezel Bar	カフェ	クロイツベルク2
80	Chapter One	カフェ	クロイツベルク2
84	Knofi	カフェ	クロイツベルク2
84	Café Strauss	カフェ	クロイツベルク2
93	Two and Two	カフェ	ノイケルン
94	Vux	カフェ	ノイケルン
96	Lux	カフェ	ノイケルン
100	Fräulein Frost	カフェ	ノイケルン
100	Prachtwerk	カフェ	ノイケルン
100	Cafe Valentin	カフェ	ノイケルン
100	Croissanterie	カフェ	ノイケルン
104	Hubert	カフェ	ヴェディング
109	Cafe Pförtner	カフェ	ヴェディング
112	TassenKuchen	カフェ	ヴェディング
112	Coffee Star	コーヒーショップ	ヴェディング
121	Schwarzes Cafe	カフェ	シャルロッテンブルク
128	Ottenthal spezial	カフェ	シャルロッテンブルク
128	Café Savigny	カフェ	シャルロッテンブルク
134	Cafe BilderBuch	カフェ	シェーネベルク
136	Sorgenfrei	カフェ／雑貨	シェーネベルク
140	Double Eye	コーヒーショップ	シェーネベルク
140	Tee Tea Thé	ティールーム／茶葉販売	シェーネベルク
140	Café M	カフェ	シェーネベルク
144	Alpenstueckle	カフェ	ヴィルマースドルフ
150	Zimt & Zucker	カフェ	ヴィルマースドルフ

グルメショップ

40	Goldhahn & Sampson	食材店／料理教室	プレンツラウアーベルク
42	Kollwitzplatz	市場	プレンツラウアーベルク
43	Maybachufer	市場	フリードリヒスハイン
43	Winterfeldtplatz	市場	シャルロッテンブルク
43	Chamissoplatz	市場	クロイツベルク1
55	Veganz	スーパー	フリードリヒスハイン
66	Markthalle Neun	複合屋内マーケット	クロイツベルク1
67	Kraut und Rüben	オーガニックショップ	クロイツベルク1
76	Marheineke Markthalle	屋内複合マーケット	クロイツベルク2
84	Soluna Brot und Öl	パン	クロイツベルク2
84	Beumer & Lutum	パン／カフェ	クロイツベルク2
98	Village Market	フードフェスティバル	フリードリヒスハイン
110	Habibi	ファラフェル	シェーネベルク
111	Konnopke's Imbiß	カレーソーセージ	プレンツラウアーベルク
111	Curry 36	カレーソーセージ	クロイツベルク2
111	Mustafas Gemüse Kebap	ケバブ	クロイツベルク2
124	Paper & Tea	茶葉／紙販売	シャルロッテンブルク
128	Philomenis	カフェ	シャルロッテンブルク
140	L´épicerie	フランス食品／カフェ	シェーネベルク

150	Weichardt	パン		ヴィルマースドルフ
150	Bellwinkel	食品／その他		ヴィルマースドルフ

😊 お菓子

22	Du Bonheur	ケーキ	ミッテ
36	Backstube Sowohl Als Auch	ケーキ／カフェ	プレンツラウアーベルク
52	Cupcake Berlin	カップケーキ	フリードリヒスハイン
58	Eispiraten	アイス	フリードリヒスハイン
58	Olivia Tartes & Schokoladen	チョコレート／カフェ	フリードリヒスハイン
84	Docura	世界各国菓子	クロイツベルク2
93	Martins Place	ケーキ	ノイケルン
95	Eismanufaktur	アイス	ノイケルン
100	Katie's Blue Cat	ケーキ／クッキー	ノイケルン
100	Bullys Bakery	ケーキ	ノイケルン
125	Confiserie Mélanie	チョコレート	シャルロッテンブルク
128	nibs cacao	チョコレート／カフェ	シャルロッテンブルク
128	Arielle's Macarons Berlin	マカロン	シャルロッテンブルク
137	Winterfeldt Schokoladen	チョコレート	シェーネベルク
140	Der Cupcakeladen	カップケーキ	シェーネベルク
147	Tillmann	ケーキ／パン	ヴィルマースドルフ
150	Sweet2go	アイス／ケーキ	ヴィルマースドルフ

👗 ファッション

16	Blutsgeschwister	レディス	ミッテ
19	Harmony	レディス	ミッテ
20	flip*flop	靴／サンダル	ミッテ
23	Wolfen	レディス	ミッテ
26	Sessùn	レディス	ミッテ
26	Konk	レディス	ミッテ
37	NordOst92	レディス	プレンツラウアーベルク
50	Julia & Amely	ジュエリー	フリードリヒスハイン
54	Victoria met Albert	レディス／雑貨	フリードリヒスハイン
58	Peccato	アクセサリー／雑貨	フリードリヒスハイン
91	Sing Blackbird	レディス／カフェ	ノイケルン
97	Rag And Bone Man	レディス／メンズ	ノイケルン
100	The Good Store	レディス／小物	ノイケルン
120	FALKE	ストッキング／タイツ	シャルロッテンブルク
140	Mimi	レディス／生地	シェーネベルク

🛍 雑貨

20	R.S.V.P	文具	ミッテ
26	HAY BERLIN	クリスマスグッズ	ミッテ
26	Erzgebirgskunst Original	インテリア	ミッテ
32	MDC cosmetic	ナチュラルコスメ	プレンツラウアーベルク
35	Flick- und Änderungsschneiderei	洋裁・手芸品店	プレンツラウアーベルク
44	ting	雑貨	プレンツラウアーベルク
51	Schwesterherz	雑貨／カフェ	フリードリヒスハイン
57	Intershop 2000	雑貨	フリードリヒスハイン
58	Stadtengel	雑貨	フリードリヒスハイン
58	Liebe Møbel haben	家具	フリードリヒスハイン
64	Ella Liebich	雑貨	クロイツベルク1

70	Süper Store	家具／雑貨	クロイツベルク1
72	Offstoff	生地店	クロイツベルク1
72	Voo Store	ライフスタイルショップ	クロイツベルク1
72	Stilspiel	家具／雑貨	クロイツベルク1
72	Modulor	文具／画材	クロイツベルク1
78	Knopf, Paul	ボタン	クロイツベルク2
81	Koko Schultz & Freunde	雑貨／子ども服	クロイツベルク2
81	ARARAT	文具	クロイツベルク2
84	Belladonna Naturkosmetik	ナチュラルコスメ	クロイツベルク2
92	Vintage Galore	家具／雑貨	ノイケルン
106	esthetiko	家具／雑貨	ヴェディング
119	vitra ♥ artek	家具／雑貨	シャルロッテンブルク
123	Rosewater's	バスグッズ	シャルロッテンブルク
126	Boxhagener Platz	蚤の市	フリードリヒスハイン
127	Mauerpark	蚤の市	プレンツラウアーベルク
127	Arkonaplatz	蚤の市	プレンツラウアーベルク
127	Nowkoelln Flowmarkt	蚤の市	ノイケルン
128	Käthe Wohlfahrt	クリスマスグッズ	シャルロッテンブルク
128	Steiff Galerie Berlin	ぬいぐるみ／子ども服	シャルロッテンブルク
135	Fichu	生地	シェーネベルク
140	Hobbyshop Wilhelm Rüther	工芸・手芸材料	シェーネベルク
148	Melisande	陶器	ヴィルマースドルフ
149	Heise Original Bunzlau Keramik	ガラス製品	ヴィルマースドルフ
150	Coledampfs	キッチン道具	ヴィルマースドルフ
150	bouclé	毛糸	ヴィルマースドルフ

カルチャー、観光スポット

21	do you read me?!	書店	ミッテ
25	Michael Fuchs Galerie	ギャラリー	ミッテ
38	Bauen und Wohnen um 1900	ミュージアム	プレンツラウアーベルク
39	Fußfetifisch	ドクターフィッシュ体験	プレンツラウアーベルク
67	Museum der Dinge	ミュージアム	クロイツベルク1
72	Prinzessinnengarten	コンテナガーデン／カフェ	クロイツベルク1
112	Berliner Unterwelten	防空壕ツアー	ヴェディング
112	Himmelbeet	共同ガーデン	ヴェディング
112	Stattbad Wedding	イベントスペース	ヴェディング
118	CAMERA WORK	ギャラリー	シャルロッテンブルク
128	Bücherbogen	書店	シャルロッテンブルク

ホテル

33	Ackselhaus	ホテル	プレンツラウアーベルク
44	Linnen	ホテル／カフェ	プレンツラウアーベルク
56	nhow Berlin	ホテル	フリードリヒスハイン
58	Michelberger Hotel	ホテル	フリードリヒスハイン
65	Die Fabrik	ホテル	クロイツベルク1
88	Hüttenpalast	ホテル	ノイケルン
116	25hours Hotel Bikini Berlin	ホテル	シャルロッテンブルク

おわりに

ベルリンの街歩き、いかがでしたか。

ベルリンは「ベルリンの壁」に代表されるように、特異な歴史を抱えた、世界で唯一無二の街です。でも、私はここに住み始めた当初、そんな背景にはあまり興味がありませんでした。ただ単に、心地よかったのです。お店や人々の気楽な様子、自分も何かにトライできそうな環境、誰にでも居場所があるような空気に惹きつけられたのでした。そして街を歩きまわるうちに、次第に興味の対象が広がっていきました。古い建物から過去と現在を感じ、市場から環境を考え、毎日どこかで開かれているイベントで、アートが身近になりました。ですから街歩きは、すべてにつながっているのだと思います。街歩きから、何かを感じ取ってもらえたらうれしいです。

この本は、大勢の方々のお力があってこそできました。どんな状況でも常にきれいな写真を撮ってくださった、カメラマンの宍戸真澄さん。ベルリンをさらに素敵に見せてくださった、デザイナーの塚田佳奈さんと南彩乃さん。細かい地図をいくつも作ってくださった、山本眞奈美さん。そして、大和書房の油利可奈さん。本書を書く機会を与えてくださって、本当にありがとうございます。ずっと願ってきたことだったので、飛び上がるほどうれしかったです。最後にベルリンの街に、ありがとう。これからも、よろしくね。

2014年10月　すっかり秋めいてきたベルリンにて
久保田由希

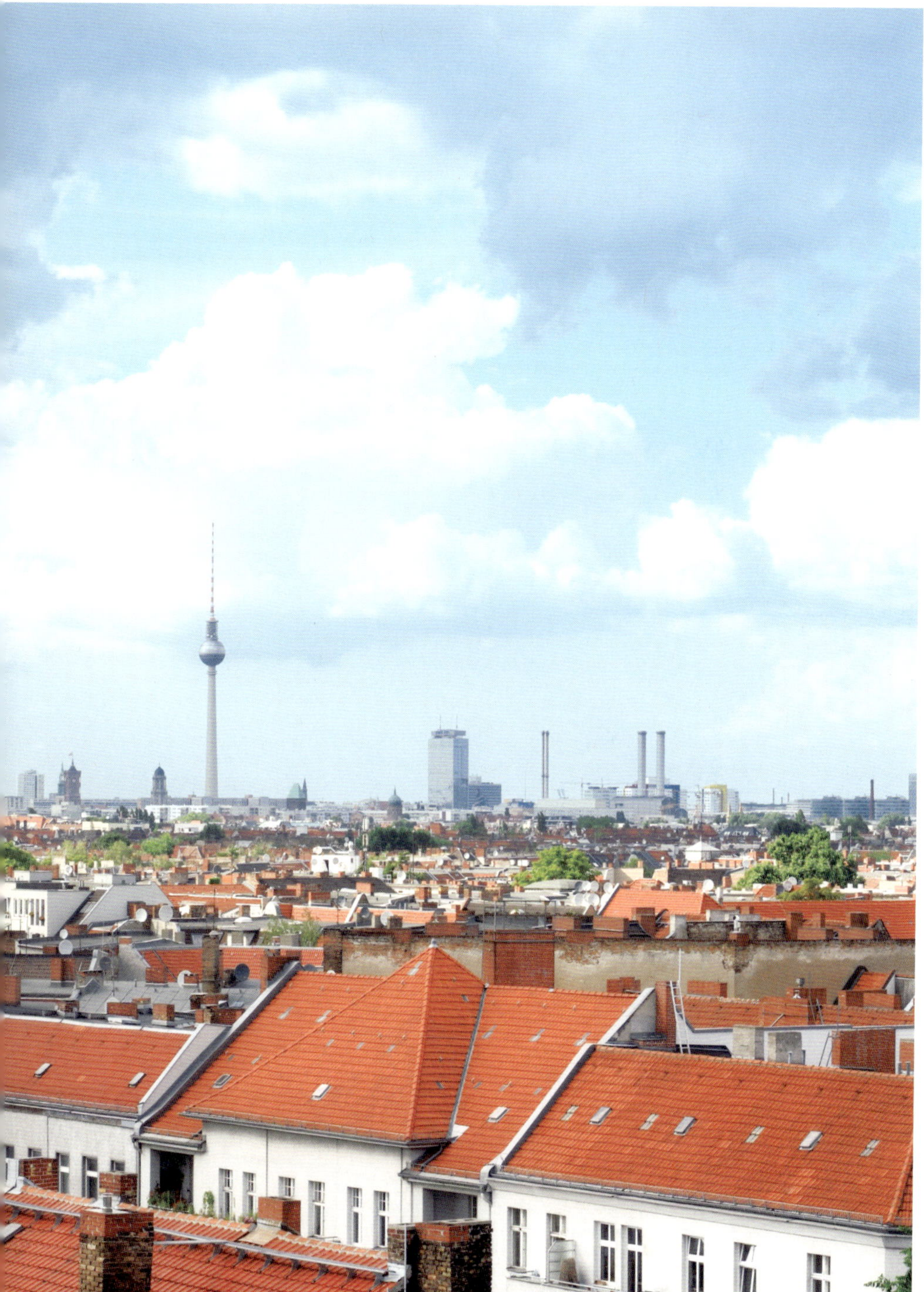

著者　Autorin

久保田由希　Yuki Kubota

東京都出身。日本女子大学卒業後、出版社勤務を経てフリーライターとなる。ただ単に、住んでみたいという気持ちから、2002年にベルリンへ渡り、そのまま在住。雑誌「PLUS 1 Living」(主婦の友社)や、ベルリン情報ブログ「おさんぽベルリン」などで、一人でも多くの人にベルリンの魅力を伝えるべく、情報を発信している。散歩をしながらスナップ写真を撮ることと、ビールが大好き。著書に『ベルリンの大人の部屋』(辰巳出版)、『ベルリンのカフェスタイル』(河出書房新社)、『ドイツのキッチン・ルール』(誠文堂新光社)、『レトロミックス・ライフ』(グラフィック社)などがある。

Kubota Magazin　http://www.kubomaga.com/
おさんぽベルリン　http://osanpoberlin.blog.fc2.com/
※本書の掲載内容変更点などは「おさんぽベルリン」ブログをご覧ください。

写真　Fotograf

宍戸真澄　Masumi Shishido
(www.masumishishido.com)
[一部写真、著者撮影]

デザイン　Design

塚田佳奈　Kana Tsukada
南　彩乃　Ayano Minami
(ME&MIRACO　www.meandmiraco.com)

地図製作　Stadtpläne

山本眞奈美　Manami Yamamoto
(DIG.Factory)

編集　Lektorin

油利可奈　Kana Yuri
(大和書房)

カバー写真協力　Umschlagfoto

eliza (P68)

歩いてまわる小さなベルリン

2014年12月1日　第1刷発行

著者　久保田由希
発行者　佐藤　靖
発行所　大和書房
　　　　東京都文京区関口1-33-4　〒112-0014
　　　　電話 03-3203-4511
印刷所　歩プロセス
製本所　ナショナル製本

©2014 Yuki Kubota, Printed in Japan
ISBN 978-4-479-78306-0
乱丁・落丁本はお取り替えします。
http://www.daiwashobo.co.jp

本書に掲載している情報は、2014年11月現在のものです。
お店のデータや料金など、掲載内容が変更される場合もございます。